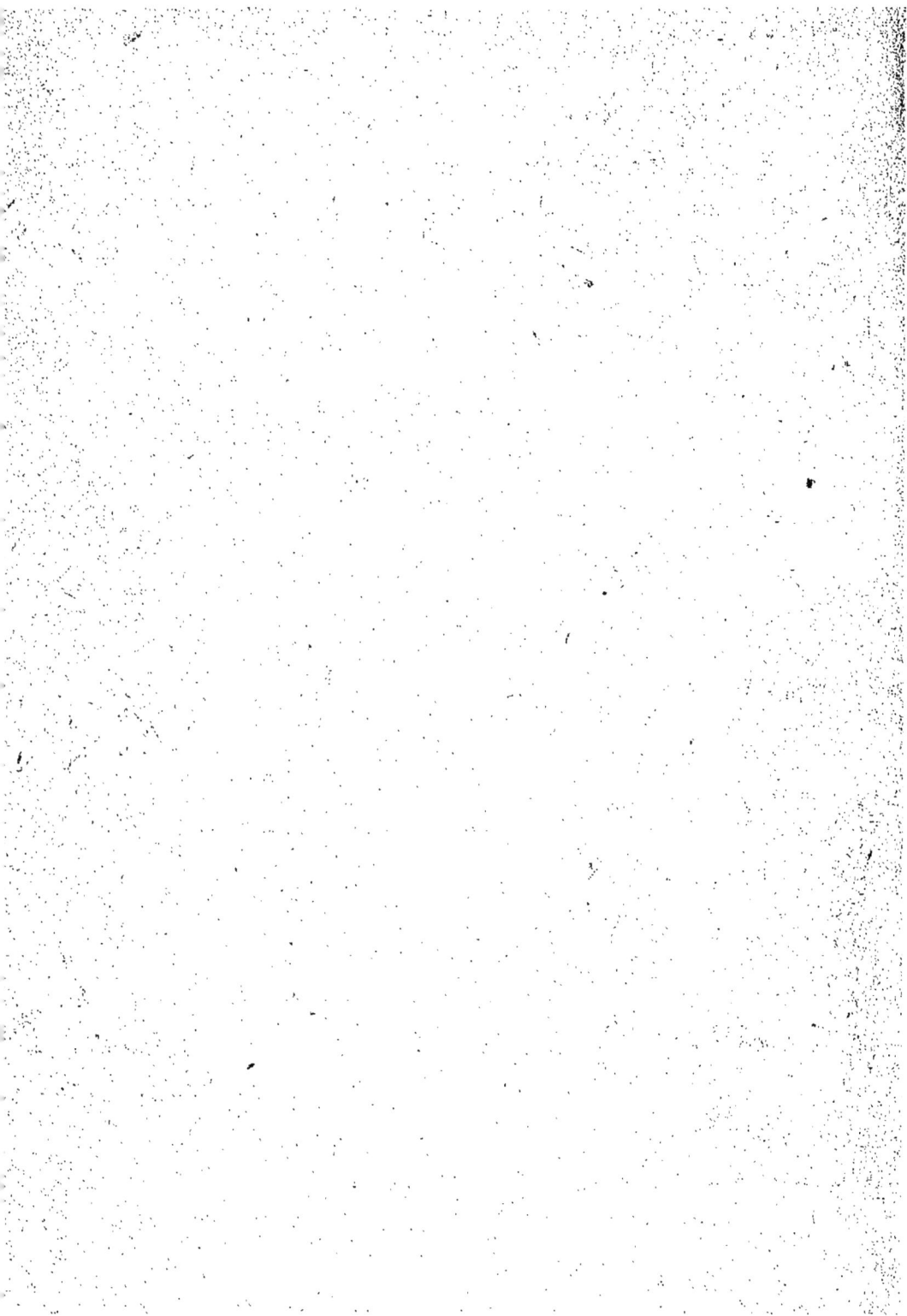

LETTRES INÉDITES

DE

L.-P. D'HOZIER

ET DE

J. DU CASTRE D'AUVIGNY

SUR

l'Armorial et l'Hôtel Royal du Dépost
de la Noblesse

PUBLIÉES PAR

JULES SILHOL

AVEC NOTES, DOCUMENTS ET PLUSIEURS FAC-SIMILE

Bibliothèque de l'Arsenal. — Extrait
du portefeuille du comte d'Argenson.
— « *Affaire de M. d'hozier.* »

PARIS

ACADÉMIE DES BIBLIOPHILES

M DCCC LXIX

LETTRES INÉDITES

DE

L.-P. D'HOZIER

ET DE

J. DU CASTRE D'AUVIGNY

ACADÉMIE DES BIBLIOPHILES.

DÉCLARATION.

Tiré à 503 exemplaires sur papier vergé.

Prix : 6 francs.

N° ~~████~~

Exemplaire du Dépôt

LETTRES INÉDITES

DE

L.-P. D'HOZIER

ET DE

J. DU CASTRE D'AUVIGNY

SUR

l'Armorial et l'Hôtel Royal du Dépost
de la Noblesse

PUBLIÉES PAR

JULES SILHOU

AVEC NOTES, DOCUMENTS ET PLUSIEURS FAC-SIMILE

Bibliothèque de l'Arsenal. — Extrait
du portefeuille du comte d'Argenson.
— « *Affaire de M. d'hozier.* »

PARIS

ACADÉMIE DES BIBLIOPHILES

M DCCC LXIX

NOTA

Afin de conserver, autant que possible, à ces lettres imprimées leur physionomie manuscrite, on a maintenu l'orthographe
qui existe dans les originaux et laissé subsister les *u* mis en place
des *v* dans le corps des mots, ainsi que les *v*, les *i* et les *j*, em-
ployés pour des *u*, des *j* et des *i*, au commencement des mots,
bien que cette confusion n'existât déjà plus, en typographie, à la
date de ces lettres. Les formules finales ont été conservées aussi
dans leur intégrité et leur disposition.

AVANT-PROPOS.

Parmi les lettres dont se compose ce recueil il y en a vingt-sept de d'Hozier, toutes écrites de sa main, sauf la seconde et la quarante-troisième, qui portent seulement sa signature.

Les deux premières sont adressées au cardinal de Fleury, ministre d'État, l'une pour lui demander d'approuver la Préface de l'*Armorial*, l'autre pour se plaindre à lui dans un langage digne et élevé, qui fait honneur à la fierté de sentiments du Juge d'armes de France.

Toutes les autres, sans exception, sont adressées au comte d'Argenson, directeur de la librairie, plus tard ministre de la guerre, et chargé en 1738, par le comte de Maurepas, de donner son avis au cardinal sur les moyens de dédommager le Juge d'armes des dépenses excessives que son Éminence et le chancelier d'Aguesseau l'avaient incité à faire en faveur de la noblesse du royaume.

Ces lettres, dont quelques-unes sont tout à fait intimes, nous montrent d'Hozier aux prises avec les difficultés matérielles. Mais d'abord et avant tout apparaît l'inflexible impartialité du généalogiste. Il ne fait de concession à personne, pas même à la recommandation du comte d'Argenson, dont il a pourtant tout à attendre et entre les mains duquel viennent d'être placées ses espérances de fortune. Il lui est dévoué, comme il le dit, *usque ad aras*, pas au delà, et les faux titres de la famille que protége le comte sont scrupuleusement bannis de l'*Armorial*.

D'après cela, on voit ce que peut signifier l'opinion toute personnelle du duc de Châtillon sur d'Hozier : il ne veut pas que ce dernier touche à sa généalogie parce « qu'il la tronque et la gaste. » Il était cependant d'une assez illustre maison pour n'avoir rien à craindre. L'auteur de l'*Armorial* a dû se consoler de ce refus en pensant que Louis XV s'était montré moins difficile que le gouverneur de son fils.

Qu'importent encore les traits lancés par l'écrivain d'Auvigny contre d'Hozier, dont il avait été le principal commis ? Pour réfuter ses calomnies il suffit d'opposer sa façon d'agir à celle du maître. Une des lettres de d'Auvigny prouve, en effet, combien, dans les ouvrages qui lui étaient propres, il se montrait personnellement accessible aux influences : « Il n'est pas le premier, écrit-il en parlant de l'abbé de Pomponne, dont la vanité m'ait obligé de mentir à la face du présent et de l'avenir. »

De là, pour d'Hozier, l'obligation de se défaire de lui et l'explication sinon la justification de la saisie de ses papiers. Un an et demi auparavant d'Hozier avait déjà été contraint de se séparer d'un autre premier commis dont il estimait le talent et la littérature.

Les lettres de d'Auvigny, au nombre de onze, sont aussi adressées au comte d'Argenson. Elles expriment finement certaines pensées, et valent mieux pour le style que celles de d'Hozier, dont le sens est quelquefois obscur, la phrase incorrecte et le mot impropre.

Les six autres sont du comte de Maurepas, de Barjac, premier valet de chambre du cardinal de Fleury, du duc de Châtillon et du comte d'Argenson; il y en a trois de ce dernier : en tout quarante-quatre lettres à travers lesquelles on voit les tribulations et les vicissitudes qui ont assailli d'Hozier pour s'être dévoué entièrement aux intérêts de la noblesse française.

Jusqu'ici on n'avait fait qu'envier le généalogiste dont l'œuvre est immense et des plus irréprochables : ces lettres le feront plaindre.

JULES SILHOL.

Paris, mai 1868.

LETTRES INÉDITES

DE D'HOZIER

I

Louis-Pierre d'Hozier[1] *au Cardinal de Fleury.*

A Paris, ce 18 fév. 1738.

M. le Cte *de Maurepas* *.

Monseigneur,

J'EUS l'honeur d'envoyer, il y a quelque temps, à Votre Eminence, l'Epitre dédicatoire de mon ouvrage. Elle eut la bonté de l'aprouver de sa main. Il ne reste plus, Monseigneur, que la Préface, qui, sous votre bon plai-

---

1. Voir la note qui est à la fin du volume.
* En tête existe ce renvoi administratif.

sir, a besoin de la mesme aprobation, si vous en agréés le stile. Je suplie Votre Eminence de vouloir bien jetter les yeux sur la copie de cette piéce qui est à la suite de l'Epitre*. Elle est courte et la Lecture ne dérobera a vos grandes ocupations tout au plus que sept minutes.

Je suis avec vn tres profond respect,

Monseigneur,

de Votre Eminence

Le tres humble et tres

obeïssant serviteur,

D'HOZIER.

II

Le même au même.

M. le Cte de Maurepas.

a Monseigneur le Cardinal de Fleury,
Ministre d'Etat.

J'AY l'honneur de représenter à Vôtre Eminence que je n'ai point mérité le refus qu'Elle me fit hyer. J'en suis d'autant plus pénétré que si tout le monde est témoin

---

* L'Épître et la Préface manuscrites sont telles qu'elles sont imprimées dans l'*Armorial*.

et de ma Conduite et de mon désintéressement, vous avez pu d'vn autre côté, Monseigneur, être convaincu par vos yeux de mon zele pour vôtre Gloire. Le Monument qui est à la teste de la Preface d'vn ouvrage commencé de vôtre aveu, en est vne preuve bien concluante. Je ne crains donc point de dire à Vôtre Eminence que dans le nombre des sujets du Roi et des véritables Citoyens Elle en comptera peu qui, dans vne place ou la fortune est si souvent offerte, ayent sacrifié ainsi que je l'ay fait et que je l'ay prouvé à Monsieur le comte de Maurepas, plus de huit cent mile liures, pour obéir à vos ordres. Ouï, Monseigneur, je conserve tres précieusement toutes les lettres dont vous m'avez honoré, afin qu'Elles servent de preuves à la justification que je dois au Public dans le parti que vous me for-cés de prendre apres les Espérances de bonté et de protection dont vous ne m'aviez pas jusqu'à présent exclus. J'ay assés d'honneur pour sçavoir me reduire quand il le faut, de crainte de man-quer à ma parole et aux engagemens conside-rables que j'ay pris pour parvenir à vn arange-ment et à vn ouvrage dont j'ay senti l'vtilité par les Conseils de Vôtre Eminence mesme.

Si je ne pensois pas aussi vniment que je fais, cette extremité me couteroit beaucoup; je sçais me passer de peu, par ce que ma seule ambition

est le devoir de mon Etat ; mais, indépendament de
l'Etablissement de mes sept Enfans, mon principal regret est de congédier vn grand nombre de
Gens de Lettres et autres, que j'ai instruits soit
dans la Lecture, soit dans la connoissance des
anciens Titres. Vous mesme, Monseigneur, ainsi
que ceux qui par vous reçoivent les Ordres du
Roi, m'ayant dit expressement qu'il étoit nécessaire que j'en dressasse en ce Genre, vû la dizette
de pareils sujets.

En vérité, Monseigneur, ce seroit directement
ofénser vôtre compassion naturelle pour les Mal-
heureux et en même tems vôtre justice, que de
croire que vous voulies les abandonner. C'est
pour eux que j'implore cette compassion et cette
justice.

Quant à moi, Monseigneur, qui avoit lieu d'Esperer au moins la mesme recompense que vous
accordés à vn particulier chargé de recueillir des
Ordonnances que le Roi fait imprimer à ses
frais*, ie n'ai d'autres ressource pour mettre en sureté vne Bibliothèque aussi nombreuse que la
mienne et qui jnteresse toute la Noblesse, que de
demander à Vôtre Eminence vn Logement où je
puisse continuer à la perfectioner. J'attends, Mon-

---

* Na. M. Secousse a 6,000 liv. par an, il donne en deux ans
un volume. Ainsi c'est 12,000 liv. pour les soins d'un seul volume.   D'H.

seigneur, vos ordres en dernier ressort et toujours avec le mesme profond respect que je dois à Vôtre Eminence.

D'HOZIER.

(Sans date.)

I I I

Le comte de Maurepas² à Monsieur d'Argenson.

A Marly, le 31 aoust 1738.

Vous connoissés, Monsieur, l'Etablissement qu'a formé M. d'hozier et l'ourage qu'il a entrepris, vous sçaués aussy les Egards qu'il peut meriter, il a representé à M. le Cardinal de Fleury les grandes depenses dans lesquelles il s'est jetté et a proposé à Son Em^ce plusieurs moyens d'en estre dedomagé, elle les a trouué trop vagues pour qu'on pût les effectuer, mais M. d'hozier, luy ayant presenté le nouueau mémoire que vous trouuerés cy joint³, son Em^ce souhaite que vous vouliés bien entrer dans l'Examen de cette affaire, et après auoir vû auec M. d'hozier, à quoy il pourroit encore reduire ses demandes, donner votre auis à Son Em^ce sur le party que vous estimerés qu'on doiue prendre a son egard, et même sur l'objet qui donne lieu a ses representations.

Vous connoissés les sentiments auec lesquels je suis plus parfaitement que personne du monde, Monsieur, votre tres humble et tres obeissant seruiteur.

MAUREPAS.

M. D'argenson.

IV

L.-P. d'Hozier au même.

J'ARIVE dans le moment de Marli, Monsieur ; tout va bien jusqu'à présent et tout ira encore mieux puisque c'est vous que Son Em^ce a nommé pour mon juge sur le total de mes demandes, vous en recevrés demain matin la mission et j'atendrai le jour et l'heure que vous voudrés bien me donner avant votre voyage de Touraine.

J'ai l'honeur destre avec autant de reconois-

sance que de respect, Monsieur, Votre très
humble et très obeïssant serviteur.

D'HOZIER.

Ce 1 sept. 1738.

V

Le même au même.

A Paris le 17 oct. 1738.

MA premiére inquiétude, Monsieur, a été
d'aprendre le dérangement de votre
santé pendant votre voyage, et à celle
la* succéde vne autre dont vous n'ignores pas
les motifs. Vous aves vû S. E. à Issi. Je ne
sçai si vous la reverrés a fontainebleau, en
Tiers, tout ce que j'ai apris est que M. de Mas.
n'avoit point reçu de reponse manuscrite à sa
lettre de marli, dont vous aves bien voulu me
faire part. Dans cette Incertitude Je ne me suis
point présenté à S. Ece. Je me suis contenté d'y
envoyer regulièrement m'informer de sa santé.
Soyes donc, Monsieur, jusques au bout ma
boussolle, afin que je ne fasse point de pas de
clerc. Je vous suplie seulement d'observer que le

En est raturé dans le texte.

temps est plus fort que moi et qu'à force de le pousser avec l'Epaule, il pourroit bien m'en rester vne rude contusion. Mes intérets sont entre vos mains, heureusement pour moi, et je m'en félicite d'avance.

J'ai l'honeur d'estre avec autant de reconoissance que de respect, Monsieur, Votre tres humble et tres obeissant serviteur.

D'HOZIER.

VI

Le même au même.

A Paris, le 22 oct. 1738.

IL faudroit, Monsieur, qu'il y eut vne impossibilité morale et Phisique dans l'affaire que vous me faites l'honeur de me recomander pour qu'elle n'eut pas tout le succes que vous pouves desirer. J'ai fait quiter les autres afaires pour celle là afin de me mettre en état de vous en rendre bon et fidele compte, lors que j'aurai verifié sur les Titres les extraits auquel on travaille et que l'on me remettra incessament; ce qui est cause que je n'ai pas l'honneur de repondre à present à Mad. la duchesse de Villars.

J'allai avant hier à Issi, je vis et parlai à S.
E^{ce}. Elle me parut tout au mieux, vn air gai
et content lui donnoient des couleurs asses vi-
vantes. Il me gratieusa fort, mais je ne lui parlai que de sa santé. C'est, Dieu merci, à vous,
monsieur, d'opérer toute ma besogne. Fervent
autant que vous l'estes pour ceux qui vous sont
aussi devoués que je le suis, je dors vn peu
mieux que je* faisois auparavant, en atendant
ce qui sera decidé entre ci et le mois de decem-
bre, qui est mon temps d'écheance. A tout éve-
nement, il est bon, je crois, Monsieur, que vous
soyes instruit que dans le temps que l'ouvrage
fut anoncé aux Intendans, plusieurs d'entre
eux me conseillerent, pour fournir aux frais, de
demander l'établissement, dans chaque G.n^{alité}
du Royaume, d'vne lotterie pour la noblesse
à six sols le billet. Quelques Gentilshommes me
proposèrent le mesme expedient. J'en fis part à
M. Orry*, qui parut ne pas s'en éloigner. J'en
ecrivis aussi à S. E^{ce} et elle renvoya la propo-
sition à M. le Chancelier. Oncques depuis je
n'en ai entendu parler, par ce que M. le Chancelier me dit alors que cet object n'étoit pas de
la Grandeur d'vn Roi de france et qu'il trou-
veroit moyen de faire donner par les fermiers-

* *Ne* est également raturé.

g.n.ᵃᵘˣ, outre et par dessus le prix du Bail, vn fonds annuel pour l'établissement d'vn depôt, etc. *.

La circonstance que vous savés est venue depuis. Le Bail a été fait et il n'a été question de rien. Vous feres sur cela, Monsieur, telle réflection qu'il vous plaira. J'avois oublié de vous aprendre ce détail dont vous feres part, si vous le juges à propos, à M. le comte de Maurepas. J'espere donc que, par vos bontés pour moi et celles de ce ministre, je ne serai pas forcé de plier Bagage et de me familiariser avec les Brouettes. N'alles pas en rire, je vous en prie, par ce que vous en feries rire bien d'autres, qui ne demanderoient pas mieux peut estre.

J'ai l'honeur d'estre, avec les sentimens les plus reconoissans et les plus respectueux, Monsieur, Votre tres humble et tres obeissant serviteur.

D'HOZIER.

Je tiendrai preste, pour votre premier voyage, la copie de ce que vous m'aves demandé, si mieux n'aimes que je vous l'envoye à fontainebleau.

---

* le remboursement de la maison et des manuscrits.   D'H.

VII

Le même au même.

A Paris, le 24 oct. 1738.

Il faut, Monsieur, que j'aye bien du Guignon de ne pouvoir mettre à profit pour M. Semen la protection que vous lui accordés, mais on a cherché à me surprendre sur la forme spécieuse des Titres que l'on m'a représentés. Cette famille doit estre bien contente de se voir à l'abri des recherches par vn arrest du Conseil et deux ordonances d'Intendans, et je lui conseille de s'en tenir là. D'autant que, pour ateindre l'époque de 1550, ils ont ajusté vn acte de 1548, qui est aussi visiblement faux que l'étoit l'Histoire de Zaga-Christ [5]. Vous ne doutes pas, je crois, Monsieur, que je suis en tout point à vos ordres, et vous consentes volontiers à l'*vsque ad aras* qui est mon point fixe. Je réponds par le mesme ordînaire à Made la duchesse de Villars. Mais non pas si fort à livre ouvert qu'à vous, Monsieur.

J'envoyai hier savoir des nouvelles de S. Ece, et M. Barjac me fit dire qu'elle partoit aujourd'hui pour retourner à fontainebleau. Vous

m'entendes à demi mot, et je m'explique nette-
ment pour vous renouveller les assurances de la
reconoissance et du respect avec lequel j'ai l'honeur d'estre, Monsieur, Votre tres humble et
tres obéissant serviteur.

D'HOZIER.

VIII

Le même au même.

A Paris, le 12 nov. 1738.

JE suis actuellement, Monsieur, Gissant
dans mon lict, et affecté d'vn Rhume que
l'on me conseille de ménager malgré
moi. Car je voulois vous aller rendre compte
de toute ma négociation. Voici la 3e Lettre que je
reçois par laquelle Son Eminence me marque
precisement que vous estes le maître de son audiance et qu'il entendra votre raport volontiers.
Je ne me suis pas encore tenu à cela. M. Hérault°,
auquel M. le curé de S. Nicolas a confié mes
peines et mes engagemens pressans, parla hier
avec la derniere force à Son Eminence et la fit

convenir qu'il n'y avôit pas de temps à perdre
pour entendre votre raport et pour me secourir.
Vous sentes, monsieur, que c'est vn coup de
partie pour moi que ce moment. Vous m'entendes, monsieur, et je n'ose vous dire ce que je
ferois pour vous en pareille circonstance : Rome
ne seroit pas trop loin pour moi. Je vous conjure
donc avec la derniere instance de vouloir bien
que je n'échape pas cette conviction actuelle de
l'oracle qui s'ofre de prononcer. M. de Maurepas
m'a écrit qu'il ne me manqueroit pas. Je n'ai plus
rien à vous representer, sinon que ma reconoissance sera éternellement proportionnée au devouement tres respectueux avec lequel j'ai l'honeur d'estre, monsieur, Votre tres humble et tres
obeissant serviteur.

D'HOZIER.

IX

Le même au même.

Le 12 déc. 1728.

QUELQUE empressement, monsieur, et
quelque plaisir que j'aye de vous faire
ma cour, je me tiens sur cela en réserve
de crainte que vous ne m'accusies d'impatience;

mais figures vous vn homme qui, apres avoir compté les mois et les semaines, se trouve réduit à compter les jours d'ici au premier Janvier, époque dont j'ai eu l'honeur d'instruire le ministre et dont vous m'aves paru vous mesme pénétré. Je n'ignore point toutes vos bontés pour moi, j'y mets entièrement ma Confiance et je vous suplie de croire que ma reconoissance égale le dévouement respectueux avec lequel vous saves que j'ai l'honeur d'estre, monsieur, Votre tres humble et tres obeissant serviteur.

D'HOZIER.

X

Le même au même.

A Paris, le 29 déc. 1738

Communique a M. de Maurepas.
rép. le 2 janv. 1739.

LES Nouvelles de Paris, Monsieur, sont si incertaines et si variées sur la santé de Mgr le Duc de Chartres, que je vous suplie de vouloir bien m'en instruire; elles m'intéressent asses et pour vous et pour moi.

Depuis que j'ai eû l'honeur de vous rendre

compte des raisons qui m'ont déterminé à renvoyer vn de mes principaux Comis, j'ai apris plusieurs choses dont il est bon que vous ayes conoissance et dont vous feres part à M. le comte de Maurepas si vous le juges nécessaire.

1.º On m'a assuré qu'il etoit beaucoup plus à son aise que moi par proportion ;

2º Qu'il savoit se faire secrettement des parts particulières sur toutes les afaires qui passoient par mes mains, en prevenant les parties de ne m'en rien dire ;

3º Qu'il s'est fait des relations dans toutes les provinces, en sorte qu'il atiroit ches lui les Gentilshommes pour se rendre necessaire et captiver leur bourse ;

4º Qu'il y a eu certaines afaires maniées par lui et conduites ailleurs que ches moi ;

5º Qu'on assure chez M. le comte de St-Florentin qv'un Gentilhomme asses mal aisé s'est plaint qu'il lui en avoit couté 1500 liv. pour les preuves de son fils reçu Page de la Chambre par la protection de M. le Comte de St-Florentin, auquel je viens d'écrire à ce sujet pour le prier de savoir du Gentilhomme mesme la vérité du fait, et, en cas qu'il soit tel, de faire, de son autorité, restituer le surplus de 200 liv. de droit d'Entrée et de 150 liv., à quoi j'ai bien voulu moderer vne preuve particulière que ce Gentilhomme a été bien aise d'emporter dans sa province, et qui, au Tau ordinaire des preuves tres anciennes, pouvoit estre évaluée à 1000 liv.;

6° Que le Tarif[7] dont vous aves conoissance, monsieur, pour l'ouvrage de la noblesse, avoit fort déplu à ce comis et que j'ai intercepté vne Lettre du Languedoc qui me prouve qu'il avoit, sans mon aveu, demandé vne somme fixe montant à plus d'vn tiers de ce qui étoit marqué par le tarif;

7° Qu'il s'étoit par son intrigue insinué dans l'esprit de la superieure de St Cir, et qu'il se flatoit de remplir la place d'Intendant (ce que j'ai empesché par M. le Maal de Noailles);

8° Que l'on començoit à murmurer de ce que je n'avois pas le don de deviner, etc.

Sur tous ces Griefs j'ai reçu beaucoup de complimens de m'estre defait d'vn pareil sujet qui ne me présentoit que des dehors prévenans et spécieux, avec beaucoup d'Esprit, de Talens, de Littérature et de Religion aparente.

J'ai l'honeur de vous faire tout ce détail là pour que vous n'ignories rien dans la circonstance présente, M. le Comte de Maurepas m'ayant fait dire que vous parleries cette semaine au ministre; et je vous avouerai franchement que, ne desirant rien tant que d'aller toujours au Grand jour, soit pour moi, soit pour les miens, je désirerois tres ardemment que toutes les autres affaires de noblesse et certificats qui ont raport à ma charge fussent réglées et fixées, pour les émolumens, de façon à ne plus aprehender qu'on les grossit à mon insçu.

Je laisse le tout à votre Jugement, auquel je ferai toujours gloire de déférer, par le dévouement bien respectueux avec lequel vous saves que je suis, Monsieur, Votre tres humble et tres obeissant serviteur.

D'HOZIER.

X I

Le même au même.

Le 27 février 1739.

Monsieur,

LA crainte d'effrayer quelqu'vn en me presentant ches vous est la seule raison qui m'empesche de vous aller faire mon compliment sur les mariages dont M. d'Auvigni m'a fait part. Vous saves a quel point je vous suis dévoué, et l'intérest particulier que je prens à tout ce qui vous apartient.

Ma solitude me devient afreuse y cherchant par tout ce que je n'y retrouve plus. Tires moi donc d'ici je vous en conjure, monsieur, et taches que M. de Maurepas puisse bientôt contribuer à votre bonne œuvre. Je renoncerois volontiers à tout sans la multitude de sept enfans dont je souhaiterois faire des citoyens; je ne le puis sans secours. Vous en estes convaincu, et mon inventaire en sera vne preuve trop concluante. M. Bronod* a suivi entièrement votre décision. On ne fera mention des manuscrits de la Galerie que pour mémoire seulement, sauf, par la suite, à s'aranger suivant les convenances du temps à venir.

J'ai reçu des complimens de Bourges; je n'ai pu poliment m'empescher d'y répondre. Je vous en préviens a tout evenement.

J'ai l'honeur d'estre avec autant de respect que de reconoissance, Monsieur,

Votre tres humble et tres
obeissant serviteur.

D'HOZIER.

Le Père de Linières est venu enlever mes deux plus jeunes fils pour les mettre au collége des Jésuites, et on y a trouvé place sur le champ. Ma maison est actuellement en soufrance, ne pouvant prendre aucun parti pour les afiches sans la réponse d'en haut.

----

* Un des secrétaires du roi.

XII

Le même au même.

Monsieur,

N'IMPUTÉS point, je vous suplie, à l'Impatience, mais à la seule nécessité, la prière que je vous renouvelle sur vne decision dont vous aves bien voulu sentir l'importance pour moi. Noyé de douleur par la perte que j'ai faite, et dont je n'atends l'adoucissement que d'en haut, je renoncerois au monde si Dieu ne m'avoit mis à la teste d'vne nombreuse famille a laquelle je suis obligé de veiller pour en former des sujets dignes de vivre. J'ai eu l'honeur de vous representer, monsieur, que dans l'atente d'vne décision je ne puis prendre aucun parti sur la vente de ma maison et de la plupart de mes effects mobiliers pour aquiter près de 400,000 liv. de dettes qui n'ont été contractées que pour répondre aux invitations du ministre sur l'object d'un depot de noblesse. Les lettres de Son Em^{ce}, les memoires, les projets aprouves par elle mesme, justifient plus qu'il ne faut ce que je me reprocherois dans tout autre objet et ce que le public auroit raison de me reprocher. Je vous suplie donc avec la plus vive instance de ne pas m'abandoner, et je fais la mesme prière par vous, monsieur, à M. le Comte de Maurepas.

J'ose me flater que le Lundi de demain m'anoncera quelque chose de votre part et que j'aurai vne nouvelle ocasion de vous assurer de mon extreme reconoissance et du respect avec lequel vous saves que je suis

    Monsieur

Votre tres humble
et tres obeissant serviteur.

D'HOZIER.

Ce 15 mars 1739.

XIII

Le même au même.

Ce 2 avril 1739.

JE crois, monsieur, que, suivant le conseil que vous m'aves fait l'honeur de me donner, j'ai mieux fait d'écrire à M. le Cardal de fleury que de le voir. Ma lettre a été renvoyée à M. de Maurepas après que la lecture en a été faite en entier à S. Ece, et M. du Parc* m'a confirmé que je pouvois estre sur des bonnes

* Secrétaire du Cardinal Fleury.

intentions de ce ministre. Vous savés, monsieur,
que ma maison afichée est sérieusement en
vente, par ce que je ne puis en soutenir le poids
par moi mesme; ainsi j'espére qu'à votre premier voyage vous voudres bien engager M. le
Comte de Maurepas a plaider ma cause conjoin-
tement avec vous sur les trois points de mes
demandes. *Logement frais de Bureaux et arrest :*
peut estre trouveres vous à present M. Orry
moins tenace, après l'avanture de son frère, et
M. le Card^{al} plus gai par la conclusion de la paix,
qui a fait jusqu'ici son Grand object.

J'ai l'honeur d'estre avec autant de reconoissance que de respect, Monsieur, Votre tres
humble et tres obeissant serviteur.

D'HOZIER.

M. de Maurepas vous montrera sans doute ma
Lettre a Son E^{ce}. Elle est des plus pressantes, et
vous sentes, monsieur, que j'ai d'ailleurs Grand
besoin de fonds pour l'impression du 3e volume.

XIV

Le même au même.

Ce 24 avril 1739.

IL y a vn siécle, Monsieur, que je n'ai eû l'honeur de vous voir et je m'en ennuye plus qu'on ne peut l'exprimer. Vos grandes ocupations me tiennent en reserve par la crainte de les distraire. Mais si vous voules bien me rassurer sur ma discrétion, j'irai avec grand plaisir, aü moment marqué, vous faire ma Cour.

Je ne vous dis mot de toutes nos Besognes; vous sentes mieux que moi, Monsieur, combien l'indétermination de S. Ece me tient en suspens sur l'arangement mesme des afaires de famille qui périclitent à chaque quart d'heure. J'ai, suivant vostre conseil, fait aficher mon hospice; neantmoins je ne puis prendre de parti fixe sur la vente ou sur le Loyer que vous n'ayes vû par vous mesme avec M. le Cte de Maurepas la position du lieu, l'arangement, la sureté du dépôt, et par dessus tout les raisons d'œconomie par raport aux dépenses faites, et qu'il faudroit en tout autre cas recomencer de nouveau. Vos reflections et votre avis prévaudront toujours sur ce que je vous représente, et je ferai gloire de les suivre en tout point.

J'ai l'honeur d'estre avec autant de reconoissance que de respect, Monsieur, Votre tres humble et tres obeissant serviteur.

D'HOZIER.

X V

Le même au même.

A Paris, le 21 juillet 1739.

Monsieur,

IL y a vn vieux proverbe dont vous aves été bercé aussi bien que moi et qui dit que la faim chasse le loup hors du bois. J'ai bien senti par ce que vous m'aves laissé entrevoir, que si vous n'aves pas cheminé sur mon afaire c'etoit par bonté et par affection pour vn de vos serviteurs les plus dévoués. J'ose me flatter que les propos excités par l'envie n'ont pas fait plus d'impression sur ceux auxquels on les a tenus que sur moi mesme qu'on a essayé de détruire. J'en ai vu quelques echantillons, mais je ne desirerois pour me vanger que des ocasions de faire plaisir aux personnes qui m'ont voulu nuire, et je leur pardonne de tout mon cœur, en vous supliant mesme d'oublier leur Bassesses et de ne pas me justifier à leurs dépens. Au surplus, monsieur, je crois que vous ne me desaprouveres pas si j'ai engagé quelques Gentilshommes à vous faire adresser leurs Titres pour m'estre remis par vous et leur estre rendus par la mesme voye afin de leur faciliter, sur tout à ceux qui n'ont point d'occasions sures, la remise de leurs Titres. Je vous rendrai compte quand vous le jugeres à propos que tout va bien jusqu'à présent, à la finance près, et que j'ai été obligé de me remonter de travailleurs jusqu'au nombre de douze. Les non valeurs et tout ce troupeau m'épuisent journellement, sans compter l'impression, la Gravure, les frais de Bureaux et la valeur du Loyer d'vne Grande maison qui ne se trouve plus trop vaste pour l'object. Je suis sur tout cela comme l'oiseau sur la branche, incertain du parti que j'ai à prendre, mesme pour l'arangement de mes afaires Domestiques. Je vous suplie donc de vouloir bien saisir avec M. le Cte de Maurepas le moment favorable qui puisse me décider en tout ou en partie. Vous estes instruit de mes facultés : elles ne sont pas susceptibles de Jalousie; mais telles qu'elles soient ou qu'elles puissent devenir, vous pouves

estre bien sur de la reconoissance tres respectueuse avec laquelle je serai toute ma vie,

Monsieur,

Votre tres humble
et tres obeissant serviteur.

D'HOZIER.

XVI

Le même au même.

A Paris, le 5 aoust 1739.

Voici, monsieur, le Mémoire pareil à celui que M. le Comte de Maurepas m'a demandé et que je viens de lui envoyer[8]. Vous m'aves donné trop de marques de vos bontés pour que je renouvelle encore mes instances, et je me renferme a vous reïtérer la reconoissance et le respect avec lequel j'ai l'honeur d'estre,

Monsieur,

Votre tres humble
et tres obeissant serviteur.

D'HOZIER.

XVII

Le même au même.

Ce 9 aoust 1739.

Monsieur,

Vous conoissés du moins aussi bien que moi le zèle de S. Ece sur l'œconomie des Finances du Roi, et peut estre se trouvera-t-elle effrayée si dans le raport que vouz lui ferés (séparement de ce qui peut me regarder) du Grand object du depôt perpétuel pour la noblesse et de la necessité de l'Etablir, puisqu'on le demande de toutes parts, vous lui faites envisager comme de raison la depense annuelle que ce depôt demande. Car je ne crois pas que vous perdies de vuë la minute du project que je vous ai laissé pour en prendre comunication; et que pourroit-on faire de mieux et de plus glorieux en ce fait là pour le ministère que d'établir vne Comission perpetuelle composée de deux marechaux de france, deux Coners d'Etat, le Juge d'Armes de France et son Lieutenant ou survivancier? Toutes les afaires de noblesse y seroient jugées plus clairement et plus succinctement qu'en aucun autre Tribunal. On y agiteroit les moyens de faire executer les anciennes ordonances qui placent chacun dans son etat, et la noblesse la plus hautement montée n'hésiteroit pas dè se soumettre à ceux qu'elle regarde comme ses chefs (les maaux de France). J'ai sondé le Gué et j'ai trouvé tout le monde disposé à se ranger sous leur étendart; mais il faut des fonds annuels pour les droits de présence des Comissaires et autres depenses indispensables. Quel inconvénient y auroit-il, si on abandonne pour cela l'etablissement d'vne Loterie qu'avoient proposés plusieurs Intendans dans chaque g.n.alité et qui, suivant leur avïs, en reduisant les Billets à 12 s., auroit répandu, par les lots gagnés, beaucoup d'aisance pour le comerce et la consomation parmi le peuple et les Taillables; quel inconvenient, dis-je, y auroit-il que l'on retint vn denier pour livre d'Extraordinaire sur tout ce qui se paye de pensions, gratifications, apointemens au Trésor Royal? 8 s. 4 d. sur 100 liv., et par proportion sur le reste, paroîtront bien imperceptibles et fourniroient sufisament de quoi remplir tout l'object avec autant de décence que de certitude. Si vous adoptés mon Idée, je vous en laisserai volontiers tout l'honeur, car je n'en ai parlé à qui que ce soit sans exception. Vous pourries faire ajouter vn 3e mal de France si vous aimiés mieux estre seul Conr d'Etat Comissaire, bien entendu que je vous servirois de frère chapeau.

A tout evenement je vous suplie, monsieur, de vouloir bien insister non seulement sur le Cachet de son Em^{ce}, mais encore sur des secours présens. Car je vous avoüe que je n'ai pas 25 Louis ches moi, et que je dois de tout cotés.

Brulés ma lettre s'il vous plait, je serois faché que d'autres que vous en fissent lecture.

J'ai l'honeur d'estre avec autant de reconoissance que de respect,

Monsieur,   Votre tres humble et tres
                          obeissant serviteur.

                                        D'HOZIER.

XVIII

Le même au même.

Ce 16 sept. 1739.

MALGRÉ la Crainte ou je suis, Monsieur, de vous fatiguer par des redites continuelles sur les afaires qui me regardent aussi essentiellement et dont vous aves bien voulu vous charger par amitié pour moi, je vous renouvelle mes instances avec la plus grande vivacité dans l'esperance qu'avant le voyage de fontainebleau ma cause sera plaidée, et qui plus

est gagnée. Il n'est pas besoin que je vous re-
trace le tort que me fait dans le monde cette in-
décision. Le public etant instruit de vos bontes
pour moi, regarde la chose comme faite, et les
afiches déchirées à ma porte pour la vente de
ma maison que vous m'aves conseillé de garder,
m'atirent des Complimens auxquels bien d'autres que moi seroient fort embarassés de répondre. Bref mon imprimeur* ne veut pas imprimer sans estre sur de son salaire chaque semaine. Le Graveur en dit autant, et je ne puis de
ma part rien faire sans vn secours extraord^{re},
par la raison que j'ai fait bien au dela de mes
forces, et que le poids de ma maison et de mes
Bureaux m'assome et me donne beaucoup de
noir.

J'ai l'honeur d'estre avec respect, Monsieur,
Votre tres humble et tres obeissant serviteur.

D'HOZIER.

---

* Prault père a imprimé le second registre de *l'Armorial*,
et Pierre Prault les quatre autres. Collombat n'a imprimé que
le premier.

XIX

Le même au même.

Monsieur,

J'AI bien des graces a vous rendre de tout ce que vous aves dit à S. E^ce d'obligeant et de pressant sur la conclusion de ma grande affaire. M. d'Auvigni m'en a rendu vn fidele compte, et j'executerai le conseil que vous me donnes d'ecrire encore vne lettre pressante dont il sera le porteur dimanche prochain, puisque vous voules bien que ce soit pour lundi le Grand rapport. Je n'ai pas besoin de vous exprimer ma vive reconoissance, elle est toute naturelle ; mais je puis vous assurer que bien des Gens la partageront avec moi.

J'ai l'honeur d'estre avec vn dévouement tres respectueux,

Monsieur,

Votre tres humble
et tres obeissant
serviteur

D'HOZIER.

Ce 7 octobre 1739.

X X

D'Auvigny (9) *au même.*

Monsieur,

OICI, Monsieur, ce que vous m'aués permis de vous envoïer*; en le lisant vous
verés que m. d'Hozier se réduit a bien
moins qu'on ne lui permettoit d'exiger par son
Tarif, et qu'il se soumet de lui même aux moïens
de faire cesser tout suiet de plainte. J'ôse esperer
que vous voudrés bien m'entendre vn moment
ce soir, aïant a ce suiet des choses assés impor-
tantes a vous communiquer.

J'ai l'honneur d'être auec vn tres profond respect,

Monsieur,   Vôtre tres humble et tres
                      obeissant seruiteur,

                               D'AUVIGNY.

A Paris, ce 23 octob. 1739.

----

* Voir l'Appendice, section II, chapitre I.

XXI

L.-P. d'Hozier au même.

Monsieur,

Vous m'aves donné vn terme trop long pour aller vous exprimer toute ma reconoissance de l'ardeur avec laquelle vous aves bien voulu faire terminer ma principale afaire. Permettés moi, Monsieur, de prevenir l'heure marquée à vendredi, et de vous assurer que personne ne conservera plus intimement que moi le souvenir de vos bontes et des preuves de votre afection. Je ne puis vous en présenter vn garant plus sincére que le devouement inviolable et le respect sans mesure avec lequel j'ai d'honeur d'estre,

Monsieur,

Votre tres humble
et tres obeissant serviteur,

D'HOZIER.

Ce 10 nov. 1739.

XXII

D'Auvigny au même.

Monsieur,

M. Mesnard* vient de m'écrire que m. de Maurepas auoit parlé de l'affaire de M. d'hozier à M. le Chancelier, chez M. le Cardinal et en sa présence, et que M. le Chancelier, bien disposé, auoit dit qu'il vouloit prendre vôtre auis encore vne fois, Monsieur, et qu'il parleroit a M. d'hozier; ainsi, je pense que, grâces a Dieu et a Monsieur D'argenson, tout ira bien. M. d'hozier à la fieure d'vne chute et de chagrin; je lui auois dit qu'il pourroit peut-être auoir l'honneur de vous voir a vos audiances du jeudi ou du vendredi — et je viens de lui repre- senter qu'il m'auoit compromis en vous écriuant, Monsieur, comme il a fait, que vous lui accorde- riés vne heure puisque je ne deuois la solliciter que demain. Je lui ai rendu compte de vos bontés pour lui, de vos démarches en sa faveur, de vos instances auprés de S. E. et de M. le Chancelier. Il est pénétré de reconnoissance. Je ne sçai com-

* Douin Mesnard, un des substituts du Procureur Général, au Grand Conseil.

ment faire, car si on lui ôte l'esperance il est
mort, et M. le Chancelier est désésperant. Je
suis bien hardi d'occuper de mes lettres vn
homme comme vous, Monsieur, mais j'espere
que vous le pardonnerés a mon zèle en faveur du
parfait devoüement et du profond respect auec
lequel j'ai l'honneur dêtre,

Monsieur, Votre tres humble et tres
obeissant seruiteur,

D'AUVIGNY.

A Paris, ce 11 nov. 1739.

XXIII

Le même au même.

Monsieur,

JE vous suplie de vouloir bien que j'aïe
l'honneur de vous entretenir encore vne
fois de M. d'hozier et de son affaire; il
a vû M. Orri qui lui a tout promis. M. le Chancelier ne decide rien. Comme je sçai vos bonnes
intentions pour m. d'hozier, j'ai voulu qu'il eut
toute la reconnoissance possible et de ce que
vous aués fait, et de ce que vous auriés bien
voulu faire. Il demandoit vn Logement au Louvre, je l'ai assuré que vous le lui auriés fait obtenir, Monsieur, si celui qu'il jugeoit seul pou-

uoir lui être convenable n'auoit point été occupé par des antiques, des statues, etc. Il est content sur cet article. A légard de la pension de vingt mille liures qu'il a mis en suitte à 15,000 liv., je lui ai dit que vous aviés eu la bonté d'en parler et qu'on la trouuoit exhorbitante. Pour l'arret du Conseil, je l'ai assuré des instances que vous auiés faites auprès de M. le Chancelier jusqu'a vous compromettre pour le seruir. Il croit que vous vouliés bien, Monsieur, que l'on enjoignit dans cet arrêt aux Presidiaux, Elections, etc., de prendre son liure, mais que M. le Chancelier ne veut faire de l'arrêt qu'vne affiche, que peut-être il n'accordera pas. Ainsi, Monsieur, jl n'aura l'honneur de vous voir que pour vous exprimer sa parfaite reconnoissance; je lui ai dit que j'auois eu celui de vous informer a mesure de ce qui se passoit; mais j'ai évité comme vn tres grand malheur de vous importuner. Je vous suplie, Monsieur, de vouloir bien me continuer l'honneur de vôtre protection et me croire, avec vn profond respect,

 Monsieur,

    Votre tres humble et tres
     obeissant seruiteur,

      D'AUVIGNY.

A Paris, ce 30 décembre 1739.

XXIV

Le même au même.

M. d'hozier a demandé cinquante mille liures a emprunter a m. le Card. Il a vû a ce suiet m. Orri qui a dit: *oui*.

Il est pressé par Colombat a qui il offre de le païer en deux ans.

Il a 32 mille liures a païer dans 15 jours pour sa maison.

Il ma dit de rendre compte de ces choses a M. D'argenson, que je suplie tres humblement de me pardonner la liberté que je prend. M. d'hozier viendra a l'audiance, et, pourvû qu'on lui dise *esperés*, il sera content.

(Sans date et sans signature.)

XXV

L.-P. d'Hozier au même.

Ce 23 janv. 1740.

Je crois, Monsieur, que vous ne desaprouverés pas que j'aye fait encore vne tentative aupres de M. le Card^al de fleury en lui écrivant vne nouvelle lettre qui doit lui estre remise aujourdhui par m. Barjac. Je lui

repéte en peu de mots ma situation qui me rendroit presque hypocondre si je ne comptois sur
vos bontes aussi essentiellement que je le fais.
Je nai que *la décision* dans la Teste et je n'aqué-
rerai de repos et de santé qu'autant que Son Eminence la Hatera.

M. d'Auvigny vous rendra compte du contenu
de mon epitre plaintive.

J'ai l'honeur d'estre avec autant de reconoissance que de respect, monsieur, votre tres humble et tres obeissant serviteur.

D'HOZIER.

XXVI

D'Auvigny au même.

A Paris, ce 26 janvier 1740.

Monsieur,

JE me suis soumis, vniquement par respect pour vos ordres, a la correction que
m. l'abbé de Pomponne* a demandée**. Il
étoit en droit de la désirer si vne famille annoblie
en 1581 dans la personne d'vn *Bailli, notaire*

---

* L'abbé de Pomponne, conseiller d'État, était fils de Simon-
Arnaud de Pomponne, ministre et secrétaire d'État sous Louis
XIV.

** Il y a en effet un carton à la page 270 du tome VI, dans *Les
Vies des hommes illustres de la France*, par d'Auvigny. Am-
sterdam, 1739.

Roïal d'Hermens*, est reputée anciennement noble. Mais il n'est pas le premier dont la vanité
m'ait obligé de mentir a la face du présent et de
l'avenir. Je vous suplie, monsieur, de croire que
l'envie de reconnoitre vos bontés a été le seul
motif de la docilité que j'ai temoignée; car, au
reste, comme je n'auois rien écrit que je n'eusse
crû vrai, je n'ai rien changé qu'auec douleur et
qu'en accusant m^r le Chancelier de n'auoir pro-
scrit les Romans que pour transporter leurs fic-
tions dans l'histoire. Je n'ai eu de sa part nulle
recompense de ma soumission. Pendant que, pour
adoucir ma situation, vous me préveniés auec
bonté sur tout ce qui pouuoit me flatter et m'en-
courager, il me persecutoit, m'exposoit aux mor-
tifications les plus sensibles de la part de je ne
sçai quels ducs, et empechoit qu'on ne comprit
mon liure dans le journal des sçavans, ou il n'est
pas encore; je croïois cependant y meriter vne
place. Je me suis apliqué depuis l'àge de quatorze
ans au genre historique; je n'en n'ai pas 27, et,
en dépit des discours de mes ennemis, *l'hist. de
France abregée*, *l'histoire de Paris*, *celle des
hommes illustres*, *sont* mes ouvrages. On n'a jamais vû sortir de chez moi rien qui put nuire a
personne; j'étudiois de tout mon cœur pendant

---

* Herment, petite ville du Puy-de-Dôme.

que la canaille litteraire m'enleuoit par ses calomnies l'honneur et le fruit de mes travaux ;
mais a présent je suis decouragé, désesperé de
voir mon dernier ouvrage en pieces. La tête d'vn
auteur tourne aisement, et je ne sçai si vous me
pardónnerés, monsieur, de vous exposer ainsi
ma douleur. Je sçai bien, au moins, que je ne puis
solliciter l'honneur d'vne protection plus bien-
faisante que la vôtre ; par vôtre naissance, par vos
dignités, par vôtre place, les gens de lettre ont
droit de la reclamer, et j'en ai plus de besoin que
personne.

J'ai l'honneur d'être, avec vn profond respect,
    Monsieur,   Vôtre tres humble et tres
                    obeissant seruiteur,
                        D'AUVIGNY.

XXVII

Le même au même.

Monsieur,

REGARDÉ m.r d'hozier comme vn homme
ruiné, mort et enterré si vous n'aués pitié de lui. Il est au lit depuis 3 semaines
ou il calcule sans cesse ses dettes et sa recette,
la balance n'est pas égale et pour le sauuer il n'a
absolument que les bienfaits de la Cour pour res-

source. J'ai obtenu pour dimanche ou lundi vne audiance de M. le Card. ou je representerai m. d'hozier comme vn homme noïé; qu'il soit dans la riviere par sa faute, il est de l'humanité de l'en tirer; et d'ailleurs, personne ne pouuant remplir sa place, si on ne l'aide pas comme l'aïant merité, qu'on l'aide comme vn homme qui a besoin et dont on a affaire. Voila, Monsieur, ce que je dirai, et ce que je vous suplie d'apuïer. Depuis vn mois la messe se dit tous les jours dans sa maison, et le prêtre est chargé expressement de mettre Monsieur D'argenson et sa famille dans le *memento* et a la fin de l'oraison secrette. S'il auoit des fonds vous auriés vn autel.

On contrefait mon liure en Hollande et l'on inserera dans cette Edition les vies de Monsieur Dargenson et de m^r de Pontchartrain*; si j'auois de vous, Monsieur, la permission de prevenir les hollandois, la mémoire de monsieur vôtre père n'en seroit que mieux. M. de Maurepas me mande que l'on s'imagineroit qu'il auroit mandié l'emplacement de la vie de son aïeul dans ma seconde édition. On s'imaginera la même chose de l'edition de Hollande; et ne sçait ton pas bien

---

* La vie de d'Argenson ne s'y trouve pas. Celle de Ponchartrain n'y est qu'esquissée, parce que, dit l'auteur, il n'a pu réussir à assembler assez de mémoires exacts « pour faire une vie complète ».

que les ministres François ne mandient rien auprés des gens de lettres? de plus c'est que le volume ou les vies de ces 2 ministres seront placées ne sera point imprimé ici; cependant il ne
contiendra que ce que vous aurés vû, monsieur,
fut il imprimé en turquie et fussai je grand vizir;
personne ne saura l'aprobation que je vous prie
de me donner, quoi qu'on trouue étrange dans le
monde que ces vies ne soient pas dans l'histoire
des ministres françois. J'aurai l'honneur d'aller
vous faire ma cour a Versailles et de receuoir
vos ordres a ce suiet.

J'ai l'honneur dêtre auec vn profond respect,
  Monsieur,   Votre tres humble et tres
         obeissant seruiteur.

          D'AUVIGNY.

A Paris, ce 30 janv. 1740.

XXVIII

Le même au même.

Monsieur,

J'AI vû m. le Card. a Versailles au suiect
de M. dHozier et S. E. m'a dit : *on ar-
rangera cela.* J'ai l'honneur de vous en
rendre compte, et j'ai dit même, suiuant vôtre

permission, a m. d'Hozier que vous en étiés instruit, et que vous étiés toujours dans la disposition de faire tout ce qui dependroit de vous, Monsieur, pour faire reüssir ses desseins, que vous parliés de lui a m. le Card. quand il étoit tems de parler et qu'il vous auoit les plus grandes obligations du monde.

A legard de l'arret du conseil remis à m. le Chancelier, rien n'avance ; m. de fresne* m'auoit promis son apui a cause de m.m. de Besleisle** et de tourouvre, qui me veulent du bien ; mais je ne presse rien a ce suiet. M. d'Hozier est ingrat. Son arrêt l'assureroit en quelque sorte du succés de son liure ; il tireroit de l'argent tant qu'il pouroit et se mocqueroit de tout le monde ; dût il étrangler, il veut manger vite. En entrant chez lui je trouuai ses affaires désesperées, vne liasse d'assignations et vne autre de memoires que m.m. de maurepas et de st-florantin avoient reçüs contre lui et qu'ils lui auoient renvoïés. Je repondis a ces derniers de façon que le ministre parût satisfait, je lui obtins du tems de ses créanciers, je lui vendis des exemplaires de son armorial, je lui procurai les titres des maisons de Luines, de

---

* Conseiller d'Etat, fils cadet du chancelier. « M. d'Aguesseau de Fresnes, qui faisait depuis longtemps le petit chancelier, s'est fait haïr de tout le monde, dit Barbier. Il avait épousé en secondes noces Mlle Le Bret, fille du premier Président de Provence.»

** Belle-Isle. Ils étaient deux frères : le comte et le chevalier.

Beaufremont, de matignon, etc., je l'obligeai a
se montrer desinteressé, et retablit ainsi *vn peu*
sa reputation et celle de son liure auprés de vous,
Monsieur, et aux yeux du public qui se dechai-
noit contre lui ; je vous importunai a Issi, a fontainebleau, a Versailles, vous sollicitate l'arrêt
et vous l'obtinte de M. le Card. Voici comme
il m'en recompense : *Mes enfans*, dit-il a ses fils,
*M. D'auvigni a fait trop de choses pour nous
pour que nous puissions lui en marquer nôtre reconnoissance sans nous ôter trop, laissons lui
mettre nos affaires en train, quand elles seront
en état d'aller, nous lui donnerons des désagre-
mens et il se dégoutera de lui même.* Belle
maxime ! Je vous demande bien pardon, Monsieur, de cette confidence ; mais elle seruira a
justiffier ou ma séparation d'auec lui, ou la priere
que je vous fais de vouloir bien lui dire vn mot
la dessus, ce mot la le corrigeroit, car il vous regarde comme vn Dieu, c'est sans éxageration ; et
si vous voulés bien qu'il vous voïe jeudi vous le
comblerés de joïe. Je vous suplie de vouloir bien
me continuer l'honneur de votre protection et
me croire, auec vn profond respect,

　　　Monsieur,　　　　　Votre tres humble et tres

　　　　　　　　　　　　obeissant seruiteur,

　　　　　　　　　　D'AUVIGNY.

A Paris, ce 10 feur. 1740.

XXIX

Barjac (10) *à d'Auvigny.*

A marly 15 fev. 1740.

Monsieur,

ȷᴇ scais que S. E. est bien intentionée pour faire plaisir à mr. d'hoziers. Le voila en chemin par le pret quon doit luy faire. Cela le maitra a son aise; il faut quil continue de voir et soliciter mr. de maurepas et mr d'argenson, rien de mieux que ses 2 messieurs. Ie ne sais pas ce que vous voulez que ie fasse de plus; soyez persuadé, monsieur, de ma bonne volonté et de mon attachement.

BARJAC.

(Au dos est la suscription suivante.)

A Monsieur
Monsieur dauvigny,
chez mr. d'hoziers, mᵉ des comptes.
a paris.

XXX

L.-P. d'Hozier à Monsieur d'Argenson.

Monsieur,

E ressens bien plus que je ne puis vous l'exprimer l'effect de votre afection pour moi et de vos sollicitations aupres de m. le Card^al de fleury. La lettre que j'ai reçuë de m. Barjac et celle qu'il a écrite depuis à m. d'Auvigni m'aprennent que je puis compter dans l'instant sur l'execution. Je ne veux la devoir qu'à vous, monsieur : ma reconoissance en sera eternelle et en telle place que je desire de vous voir, trouvés bon que je vous regarde comme mon Etoile de voyage dans les choses mesme qui paroitroient les plus simples.

J'ai l'honeur d'estre avec bien du respect,
    Monsieur,
          Votre tres humble
                et tres obeissant serviteur,

D'HOZIER.

Ce 19 fev. 1740.

XXXI

D'Auvigny au même.

Monsieur,

E prend la liberté de vous envoïer auec vne lettre de Barjac qui promet, vne autre de M. d'Hozier qui vous remercie. Il semble par la premiere que m. le cardinal soit prêt a confier au juge d'armes les 50 mille liures qu'il lui demande pour ˉ5 ans, et il me presse d'auoir l'honneur de vous instruire de la situation des choses afin que vous aïés la *charité*, c'est son expression, de hâter m. le Card. Je suis chargé aussi de l'inventaire de ses idées ; mais je n'ai garde de l'ajouter a ce qu'il me force d'écrire, et qui a la fin vous deviendra importun.

J'ai l'honneur d'etre, auec vn profond respect, Monsieur,

Vôtre tres humble et tres
obeissant seruiteur.

D'AUVIGNY.

A Paris, ce 23 feur. 1740.

XXXII

L.-P. d'Hozier au même.

Ce 25 mars 1740.

Monsieur,

J'AI tant de confiance dans la continuation de vos bontés pour moi, que je ne crains point de vous exposer au vrai ma terrible situation. M. d'Auvigni a du vous instruire que Colombat me poursuit vivement pour le payement de son impression; il est juste qu'il soit satisfait, mais je n'ai pas le sol. Je vais estre encore tourmenté pour le restant du prix de ma maison, et j'ai besoin de fonds actuels pour faire aller promptement l'impression comencée de mon 3e volume, d'ou depend toute ma petite fortune. Je vous conjure, au nom de Dieu, de presser son Emce pour qu'Elle veuille bien me donner des preuves de sa compassion. Arrest, pension, logement, prest d'argent, tout m'etoit promis affirmativement, suivant ce que ma mandé de votre part m. d'Auvigni dans les diferents voyages qu'il a fait à la Cour, et je n'ai que la douleur destre complimenté sur tous ces points et de ne rien avoir. Faut-il que j'abandonne tout, que je vende tout et que je me retire devant vn object fructueux pour l'avenir, et que je dois à votre protection ? Je suis desesperé et je ne scais mesme comme j'ai la force de vous exprimer le chagrin qui me ronge. J'etois tenté d'aller à Versailles, mais m. d'Auvigni me conseille toujours de n'y point paroitre, a moins que ce ne soit pour remercier. Je suis docile sur les conseils et je lui recomande sans cesse de prendre vos avis. Rassures moi aussi, monsieur, je vous suplie, sur ce que je desire ardemment par raport à vous, et soyes bien persuade de la reconoissance tres respectueuse avec laquelle j'ai l'honeur destre,

Monsieur,

Votre tres humble
et tres obeissant serviteur,

D'HOZIER.

XXXIII

Le même au même.

JE vous suis, monsieur, trop intimement devoué pour vous laisser ignorer des choses quil vous est de la derniere consequence de savoir. Donnes moi rendes vous dans vne maison particuliére, soit aux Jesuites de mon quartier, soit ches l'Evesque de Bethléem *, qui ne sera pas de trop, parce qu'il est votre ami fidele, soit par tout ou vous voudres, pourvu que qui que ce soit de ches vous ne le sache, pas mesme *m. Rotisset* **, ni tout autre *de sa conoissance*. Marqués moi l'heure et le lieu (je ne le puis neantmoins depuis midi jusqu'a 3 heures), mais auparavant ou apres. Je prendrai vn fiacre pour cacher ma marche. Brules ma lettre et comptes que personne ne vous est plus livré que moi et par reconoissance et par respect,

D'HOZIER.

Ce 8 avril 1740.

---

* Taste (Dom Louis la), bénédictin, né à Bordeaux, de parents obscurs; il écrivit contre les convulsions et contre les miracles attribués au diacre Pâris, ce qui fit beaucoup parler de lui.

** Secrétaire de M. d'Argenson et frère de l'actrice qui débuta à l'Opéra avec succès, au mois d'août 1743, sous le nom de R. de Romainville. « Cela a occasionné, dit Barbier, beaucoup de traits mordicants sur les raisons qui ont engagé ce ministre à protéger le frère et la sœur. »

XXXIV

Le même au même.

Monsieur,

RESSÉ au delà de toute extrémité, j'ai ecrit a m le Card^{al} de Fleury sur toutes les promesses qui m'ont été faites depuis cinq mois, relativement a tout ce que vous m'aves fait l'honneur de me dire à moi mesme, ainsi que M. le Cte de Maurepas, et j'aprends que ses dispositions sont toujours les mesmes a mon égard, quil est touché de mon Etat, quil sçait bien quil m'a promis, mais que les deux Comissaires qu'il ma nommés ne lui ont encore rien proposé de positif sur les secours dont j'ai besoin et sur la pension en dedomagement de Logement promis.

Est il naturel que je sois abimé pour avoir obéï aux Conseils de m. le Chancelier sur l'aquisition de ma maison, sans laquelle je ne devrois pas dans Paris 40000 liv. * M. le Chancelier ne peut nier quil m'a assuré que le Roi me dédomageroit, non seulement de la maison, mais encore de ce que j'ai consommé de fonds pour les manuscrits que j'ai recueillis. Il me dit affirma-

---

* C'est-à-dire que, sans cette maison, ses autres dettes ne s'élèveraient pas à 40,000 liv.

tivement que son Em^{ce}, toute menagère qu'Elle
étoit, ne reculeroit point sur vn obiect tel que
celui là, qu'Elle n'avoit pas hésité en allant visi-
ter la Bibliotèque du Roi, d'assurer vn très gros
fonds pour tout ce qu'on lui avoit representé
comme nécessaire, et, qu'au surplus, au premier
Bail des fermes, on feroit donner, pour la maison
du depôt, 3ooooo liv. aux fermiers, qui n'en signe-
roient pas moins le Bail. Je raporte les termes
mot pour mot. Vous mesme, monsieur, m'aves
dit qu'il ne convenoit pas au Roi de ne pas m'a-
quiter en entier du revenu, au moins de ce que
me coutoit ma maison, sur l'ofre que j'avois faite
d'en porter vn loyer proportionné à ma fortune.
Vous aves aprouvé que je continuasse mon ouvrage, je vous ai mesme l'obligation d'en avoir
parlé avantageusement, d'avoir lu à son Eminence le dernier memoire qui anonce au public
l'vtilité de cet ouvrage, et que le depot de la noblesse sera ches moi; tout le monde en a éte
instruit; jen ai reçu les Complimens que j'ai ren-
voyes à vos bontés pour moi, à vos atentions et à
votre zele pour la noblesse, tel quil convient à
vne personne de votre naissance, et je ne me
suis reservé que la Gloire de la Gratitude que je
vous dois.

Acheves donc votre ouvrage, monsieur, je vous
en conjure, et tires moi de la peine extreme ou

je suis. On est venu pour exécuter ches moi; on a saisi de mes fonds : jugés qu'elle Esclandre dans le public pour quelqu'vn qui en a besoin. Si le Bruit s'en repand dans les provinces, quel tort cela fera t il à ma fortune à faire. Je perdrois entiérement le fruit de toutes vos assurances verbales et par ecrit de l'amitie dont vous m'honorés. La maison a été afichée à Louer, puis à vendre, atendu le logement au louvre. On a changé et j'ai retiré les Ecritaux. J'ai refusé des ofres honestes, soit pour le Loyer, soit pour la vente. Sur l'anonce publique du depôt, je n'ai rien loué de tout ce qui m'est inutile. On a tenu des propos sur ces variations : on auroit bien plus de raison d'en tenir à présent, si je r'afichois. Mettes vous vn moment dans ma situation (car je ne desirerois que le temps fut plus long pour vous), et je vous conjure encore de faire finir mon afaire avant la quinzaine de Paques, parce que les procédures recomencent alors.

Quant au s^r dauvigni, il m'a deputé l'abe des fontaines pour me redemander la lettre qu'il m'avoit écrite sans mesure ; je n'ai pas jugé a propos de m'en désaisir, non plus que de plusieurs autres dont je me suis emparé. Je lui ai seulement promis de ne lui point faire de tort, à condition qu'il oublieroit mon nom et qu'il me renverroit mes livres et deux pièces de Tapisserie à mes armes, que mon valet de chambre lui a prestees sur son billet. Il doit à tout le monde de ches moi vne asses grosse somme, et s'est vanté que je lui etois redevable de 1500 liv.; heureusement que ses quitances ou mon livre journal de dépense justifie que je ne lui dois qu'vn demi mois.

J'ai l'honeur d'estre avec autant de reconoissance que de respect,

Monsieur, Votre tres humble et tres obeissant serviteur.

D'HOZIER.

Je compte que vous voudres bien m'honorer d'vn mot de reponse que j'atends avec beaucoup d'impatience.

———

XXXV

D'Auvigny au même.

Monsieur,

JE suis au désespoir. m. d'hozier repand que vous ne me voulés jamais voir! Qu'ai-je fait? Vne lettre furieuse, à la verité, mais écrite dans l'instant même que j'aprend qu'vn hõe qui m'embrasse le 9 d'auril, chasse le 10 quatre commis a moi, me renvoïe moi meme, crochete mes tiroirs, prend des lettres

qui ne le regardent pas, les montre et me perd.
Je n'apris ce dernier trait qu'a Versailles, ou
habite vne femme qui me les écriuoit; je vous
demande pardon de la confidence, mais sa façon
d'agir a cet égard ne pourra t elle excuser vne
minute de frenesie? M^r d'hozier ne peut me reprocher aucun trait de malversation, et mes
protecteurs m'abandonneront ils, parce que je
lui ai reproché son ingratitude et son injustice?
Selon lui, voici mes crimes : *Je l'ai leurré de*
vaines esperances, le proiet d'arret du Conseil
qu'il sollicitoit est cependant chez m. le Chanc.*;
j'ai des lettres de Barjac dans ma poche, qui font
esperer quelque pension, et de l'argent a prêter;
j'eus l'honeur de vous en envoïer vne dans ce
stile le mois passé, je ne lui ai jamais dit que ces
choses. Si vn ho^e plein d'idées se flatte trop, est-
ce ma faute? et seroi-je si coupable, quand je l'aurois quelquefois flatté moi-même contre le désespoir ou je le voïais? Il resultoit de la d'autant
moins de mal qu'il auoit vû m. le Card., m. de
Maurepas, etc., depuis moi a Paris qui lui ont
dit l'état des choses. Le succés n'étoit pas mon
deuoir, et j'en auois vn si grand par raport a ses
autres afaires, qu'il se soutenoit malgré ses dépenses inconsiderées, au lieu que, depuis ma

---

* Voir l'Appendice, section II, chap. 2.

sortie, voïant tout saisi chez lui par des créanciers que j'arretois, il vend charges, maisons,
équipages, etc. Je pourrois me justifier mieux;
mais, bien loin de vouloir faire le délateur, je
suis outré d'auoir écrit la lettre fatale, et ma joïe
de n'entendre plus murmurer chez lui est bien
temperée par cet echec de prudence. Je mourerai
de chagrin si vous ne permettés d'auoir l'honneur de vous voir, et de vous assurer du profond
respect auec lequel j'ai l'honneur d'etre,

Monsieur,   Vôtre tres humble et tres
obeissant seruiteur.

D'AUVIGNY.

A Paris.

————

XXXVI

Le même au même.

Monsieur,

En supliant m. vôtre frere de vous parler de moi, je n'ai point eu dessein de
vous importuner de mes plaintes; je
n'en n'ai fait aucunes, malgré tout ce que je
souffre de la calomnie. Je suis sincerement attaché à vôtre personne, ainsi que tous les gens de
lettres, et j'aurois vne vraïe douleur que des dis-

cours faux et injurieux me privassent de l'honneur de vous faire ma cour, comme les autres auteurs : jl ne m'arrivera pas de vous parler de M. d'hozier, et je ne serai occupé que du soin de vous temoigner la sincerité du profond respect auec lequel j'ai l'honneur d'être,

Monsieur,

Vôtre tres humble et tres

obeïssant seruiteur.

D'AUVIGNY.

A Paris, ce 4 mai 1740.

———

XXXVII

Le duc de Chatillon (11) au même.

a Versailles, le 13 May 1740.

J'ay rendu compte de toute cette affaire a Mr De Chatillon le 29 may 1740 *.

M. P. D.

Monsieur, Le sr D'hozier me fit demander, jl y a cinq ou six mois, si je desirois qu'il jnserat dans son nobillier La genealogie de ma maison. Je luy fis dire que je Le priois de n'en rien faire, attendu qu'elle avoit

* Note écrite par le comte Marc-Pierre d'Argenson.

esté faitte par Du Chesne et qu'elle estoit jncérée
par Extrait dans d'autres Livres. J'aprends par
vne voye sure que nonobstant m'a réponce et
mon refus, jl la veut jnserer dans vn volume qui
va s'jmprimer jncessament; on m'averti en même
Temps qu'il la tronque et la gaste. J'ay Recours
a vous pour empecher cet homme avide de parler de ma maison malgré moy. J'ay l'honneur
destre, Monsieur, trés parfaittement Votre très
humble et tres obeissant serviteur,

LE DUC DE CHASTILLON.

——

XXXVIII

Monsieur d'Argenson (12) *au duc de Châtillon.*

a paris, le 16 may 1740.

M. Le Duc de Chatillon,
gouverneur de Monsieur le Dauphin.

DANS L'instant que je reçois, Monsieur, la
lettre que vous me faites l'honneur de
m'ecrire, je mande à M. D'hozier que,
pour quelque raison et pour quelque considera-
tion que ce soit, jl ne fasse pas mention dans ses
nouveaux volumes de L'article de votre maison,

que ce n'est point votre jntention, et que rien ne peut le dispenser de se conformer a ce que je luy marque. J'espere qu'aprés vne explication aussi precise, l'avis qui vous a été donné a ce sujet se trouvera sans effet, quoyque je doive vous prevenir, Monsieur, que je n'ay pas jcy, comme dans les autres livres, la voye du censeur, pour m'asseurer de ce qui peut y étre jnseré, et si M. D'hozier a été dispensé de cette Regle, ç'a été pour ne donner a son ouvrage d'autre force et d'autre authorité que celle quil peut y jmprimer Luy même.

J'ay Lhonneur d'etre avec Respect, M., etc.

(Brouillon de la lettre de d'Argenson.)

XXXIX

Le même à L.-P. d'Hozier.

a paris, le 16 may 1740.

M. D'hozier, me des comptes, juge d'armes du Royaume, et censeur Royal des Livres, vieille Rue du Temple *.

M le Duc de Chatillon s'adresse a moy, Monsieur, pour vous recommander tres jnstamment de ne point jnserer la genealogie de sa maison dans les nouveaux

---

* Au coin de la rue Saint-François, aujourd'hui rue Debelleyme.

registres auxquels vous travaillés. Il ne m'en donne point d'autre motif, si ce n'est qu'il ne desire pas qu'il y ait dans le public d'autre genealogie jmprimée de sa maison, que celle qui a été faitte par Duchesne. J'ay crû pouvoir L'asseurer, Monsieur, que vous vous conformeriés à ses jntentions, sçachant que vous n'aves dessein de remplir votre ouvrage que des nom de ceux qui souhaittent de s'y faire jnscrire, ou que si vous y en adjoutes quelques autres, c'est en supposant que c'est leur faire plaisir. Vous sentes bien qu'apres vne explication aussi precise, jl n'y a pas moyen que vous puissiés, en aucun cas, penser à mettre dans vos nouveaux volumes L'article de la maison de Chatillon, et que vous ne changiés les dispositions que vous auries pu avoir faittes au contraire si effectivement cet article entroit dans votre projet.

J'ay Lhonneur d'être tres parfaittement, Monsieur, v., etc.

(Autre brouillon.)

XL

L.-P. d'Ho₇ier à Monsieur d'Argenson.

J E crois, Monsieur, devoir vous instruire des menées de l'homme révoqué que vous aves qualifié a bon titre *de monstre*, car je decouvre peu a peu toutes ses filouteries qui sont son moindre défaut.

Voici la Copie* d'vne lettre que je reçois de m. votre frère, et qui naturellement auroit du me venir par vous mesme, et je suis d'autant plus surpris de ce qu'elle contient que m. le duc de Chatillon s'est plaint à plus d'vne personne de ce quil n'etoit pas compris dans le premier Registre. On a dressé son article pour l'employer dans le second, et dauvigni m'a dit lui avoir lu en entier, et qu'il en étoit content.

Il y a la dessous quelque chose que je ne comprens pas. Vous estes a mesme de savoir le fin

---

* C'est la reproduction littérale de la lettre précédente, augmentée de la formule : « *Votre tres humble et tres obeissant serviteur* (signé) *Dargenson.* » D'Hoziêr croyait qu'elle était du marquis.

de tout cela, et je ne ferai rien que de votre consentement.

J'ai l'honeur d estre avec respect, Monsieur,
Votre tres humble et tres obeissant serviteur

D'HOZIER.

Ce 16 mai 1740.

XLI

Le comte d'Argenson à L.-P. d'Hozier.

a paris Le 17 may 1740.

M. D'hozier,

C'EST moy même, Monsieur, qui vous ay
écrit la Lettre dont vous m'envoyes la
copie, et c'est aparammant la ressem-
blence qui est entre la Sig^re de mon frere et la
mienne qui a causé vôtre meprise. M. Le duc de
Chatillon s'est adressé directement a moy pour
me marquer qu il ne vouloit absolument point
que Larticle de sa maison fut jnseré dans votre
armorial, je n'ay pû me dispenser de vous faire
part de ses dispositions, dont je ne sçais d'autre
motif que celuy que je vous ay marqué, et je ne
doute pas que votre jntention ne soit d'y deferer,
puisque L'objet de votre Livre est de n y com-

5

prendre que ceux qui le desirent. J'ai Lhonneur
d etre tres parfaittement, M. etc.

> (Ce brouillon et les deux autres sont de la main d'un se-
> crétaire.)

La deuxième lettre de ce recueil est peut-être mal
placée dans le manuscrit : sa véritable place paraît
être ici.

XLII

D'Auvigny à Monsieur d'Argenson.

Monsieur,

JE m'étois bien promis de ne vous parler
jamais de M. d'Hozier; mais je ne me
puis tenir de vous dire comment il a été
traité par m. le Cardinal. S. E. a refusé la semaine derniere de le voir vn instant, quoi qu'il se
soit presenté 2 jours de suitte, et qu'il ait attendu
depuis huit heures du matin jusqu a vne heure
aprés midi. Barjac n'a pas voulu se charger d'vn
mémoire, et on s'est adressé à m. l'abbé Couturier (13). M. le comte d'Evreux (14), m. de Chatillon
et m. de flamarin *l'ont perdu auprés de m. le Card.

---

* Le marquis de Flamarens, brigadier des armées du Roi, fut
nommé grand louvetier de France en 1741. Il est mort sans
enfants.

Un des descendants de cette famille, dans la ligne collatérale,
est aujourd'hui sénateur et membre du conseil du sceau. Il est
connu pour son savoir et la distinction de ses manières.

Ce même m. d'Hozier, qui m'a fait solliciter vn mois, pour que je me chargeasse de son armorial, et auec qui je n'ai jamais voulu traiter autrement que comme auec vn hoᵉ de lettres, mon confrere, a porté la bassesse jusqu'a m'attaquer sur la naissance; il m'a donné pour pere vn cocher. Ce n'est assurement pas le premier pere qu'il donne ; mais ils ne sont pas roturiers. La dessus j'ai fait venir vn certifficat des magistrats de Maubeuge qui constate l'etat de ma famille; j'en ai fait faire deux copies collationnées par des notaires, l'vne pour m. le Card., l'autre pour m. de Maurepas. M. vôtre frere a été salué deux cent fois a Maubeuge par mon pere et par mon oncle, qui possedoient les premieres charges du païs; je ne les cite que pour donner vne idée de la sincerité de m. d'hozier et pour détruire auprés de vous, Monsieur, l'Impression que sa calomnie auroit pû faire. Vous me pardonnerés, je l'espere, ce desir, qui est vn temoignage du profond respect auec lequel j'ai l'honneur d être,

Monsieur,

Votre tres humble et tres obeïssant seruiteur,

D'AUVIGNY

a Paris, ce 9 juin 1740.

XLIII

L.-P. d'Hozier au même.

à Paris, le 15 juillet 1740.

Monsieur,

Les filouteries sans nombre que je découvre tous les jours de la part du nommé dauvigni me determinent a vous demander si vous trouvés bon que je prie M. Le Cardinal de fleury de vouloir bien vous nommer pour commissaire, non seulement en cette partie, mais encore pour tout ce qui a trait a l'armorial général, à moins que vous ne vouliez bien lui demander vous même sur ma requeste ce nouveau surcroit de detail qui vous coutera moins qu'a un autre par votre facilité naturelle en tout genre de travail et par l'Esprit de Justice qui fait votre Eloge dans le public. Il me semble, Monsieur, que c'etoit là la première Intention de son Eminence, et je serois charmé qu'elle eut son effet pour l'avenir afin d'avoir plus souvent ocasion de vous renouveller les assurances du Res-

pectueux devouement avec lequel J'ai l'honeur
d'etre,

Monsieur, Votre tres humble et tres
obeissant serviteur,

D'HOZIER.

XLIV

Le même au même.

Monseigneur,

PENETRÉ jusques au fonds du cœur de ne
pouvoir profiter des établissemens avan-
tageux qui se présentent pour l'etablissement de mes enfants, dont j'ose dire que la reputation en tout genre est avouée de tout le
monde, j'ai l'honeur de vous representer que je
ne puis plus tenir aux Interets que je paye depuis treize ans pour avoir suivi à la lettre ce qui
m'a été prescrit sous le precedent ministère, à
moins que sa majesté ne veuille mettre la derniere main à l'arrangement dont vous estes con-
venu en 1742 avec M. le Comte de Maurepas.

J'ai eu le bonheur de trouver quelquun qui a
instruit le Roi de ma situation, et l'on m'a pressé
de fournir un nouveau mémoire dont j'ai l'honeur de vous envoyer un exemplaire* pour vous

* Voir l'Appendice, section III.

rappeller en quatre minutes tous les faits qui sont
de votre conoissance. M. le chancelier, que j'ai
vu ce matin, paroist avoir perdu de vuë tout ce
quil est certain quil ma dit lui mesme et conseillé, et me renvoye à M. le Controleur g.n.al
qui n'est aucunement au fait de l'affaire.

Voudries vous, Monseigneur, que je fusse réduit à me ranger au nombre de ceux qui vous
ont pour Père temporel. Je n'aurois cependant
d'autre ressource, si vous me refusiés la protec-
tection sur laquelle vous m'aves permis de
compter a la mort et à la vie. Ce sont vos mesmes
termes écrits que je conserve pretieusement.

Je suis avec un profond respect,

    Monseigneur,

       Votre tres humble et

       tres obeissant serviteur,

           D'HOZIER.

M. le Comte de Maurepas m'a promis qu'il ne
s'oposeroit à rien.

    à Paris, le 4 octobre 1747.

APPENDICE

SECTION Ire

ART. I

MÉMOIRE* SUR LA NOBLESSE DRESSÉ PAR L'ORDRE
DE SON ÉMINENCE.

IL y a dans le Royaume trois sortes de Noblesse : l'vne, d'ancienne chevalerie, dont l'antiquité est si reculée que l'origine n'en est point connue.

La seconde, la Noblesse ancienne, mais dont le principe est aparent.

La troisiesme est la Nouvelle, qui n'a point fait souche à la 3e Génération.

Toutes jouïssent également des mesmes préroga-

---

* Il est écrit de la main de L.-P. d'Hozier et antérieur à la publication de l'*Armorial*.

tives, et spécialement du droit de porter des armoiries timbrées. Mais toutes ne sont pas susceptibles des mesmes honeurs et des mesmes dignitès, à moins qu'vn mérite supérieur ou des services signalès ne les destinent aux plus hauts rangs *.

Neantmoins, chacun se donne la Licence de sortir de l'ordre ou la providence l'a placé. Il n'est pas jusqu'au roturier et à l'homme de fortune qui ne s'ingèrent de porter des armoiries à leur gré, et qui souvent, par vne conformité de surnom, n'vsurpent celles des familles nobles qui leur sont totalement étrangéres.

Les qualitès sont confondues. On rougit presque de porter le Titre de noble ou d'Ecuyer, et l'on ne craint point, malgré la rigueur des loix, de se qualifier dans les actes publics de ceux de Chevalier, Marquis, Comte, etc. Le Haut et puissant, souvent mesme le tres haut, n'est point oublié, quoi que l'on sache ou que l'on doive savoir que ces qualitès ne peuvent émaner que de l'autorité du souverain, et non pas de la fausse vanité de ses sujets, ni de la facilité des notaires qui les employent sans discernement, et peut estre par des complaisances qui tendent a augmenter leurs salaires.

De cette Licence on passe à vne autre qui n'est pas d'vne moindre importance. C'est l'Enlevement ou l'alteration des anciennes Minutes des notaires, dispersées pour la pluspart dans des chaumières de paysans, et dont ce n'est pas d'aujourd'hui que l'on

---

* A quelques mots près, les lignes qui précèdent ont servi à former la note G de la préface de l'*Armorial*. Ce qui suit n'a pas été imprimé.

a sçu faire vn detestable vsage, soit en les suprimant, soit en les falsifiant, selon qu'il convient à l'vsurpation à laquelle on veut tendre. A quoi donc peut on atribuer tous ces désordres, si ce n'est à la vétusté des Loix qu'il est important de renouveller de temps a autre, si ce n'est encore a la cessation d'vn vsage anciennement établi dans le Royaume et dont la plus grande partie des autres Etats souverains (mesme la Chine) ont adopté la pratique.

Cet vsage etoit que les marechaux d'armes et les poursuivans d'armes tenoient des Regitres provinciaux, ou chaque noble et Gentilhomme se faisoit inscrire avec ses armoiries, et la règle étoit si etroitement observée, que personne n'osoit vsurper vn rang qui ne lui apartenoit pas, et au moyen de la bonne foi qui regnoit alors, il sufisoit, en fait de preuves littérales, de justifier jusqu'à son ayeul. Les ordonances de Moulins et de Blois en font foi a l'article qui concerne les oficiers de la maison du Roi, lesquels n'y étoient reçus qu'autant qu'ils étoient reconus Gentilshommes.

Mais les Troubles arrivés sous le Regne du Roi Henri III excita en mesme temps la Licence dans presque toutes les familles par raport aux vsurpations. Elle parvint à vn tel point que sur les représentations de la noblesse en corps assemblée à Paris l'an 1614, le Roi Louïs XIII créa en Titre d'ofice et à sa suite, vn con.er Juge g.n.al d'armes de France, pour maintenir l'ordre dans les distinctions de la noblesse, veiller à l'vsurpation des armoiries, des Titres et des marques d'honeur, et tenir des Regitres publics ou chacun fut inscrit suivant sa qualité avec les armoiries de sa famille.

L'Inexécution des fonctions de cet office depuis vn grand nombre d'années ne vient que de ce qu'elles n'ont pas été généralement connües, et de ce qu'elles n'ont pas été de nouveau détaillées dans l'Edit de son rétablissement du mois d'avril 1701, Régitre en la chambre des Comptes et en la Cour des aides de Paris. Le Juge d'armes de france l'a représenté au Conseil et il a éte renvoyé à m. le chancelier, mais la Guerre survenuë, on a surcis jusqu'à la paix.

Nonobstant ce delai, Son Eminence a ordonné au Juge d'Armes de France de continuer ses recherches, et m. le chancelier lui a conseillé de decouvrir dans cette ville vne maison asses vaste pour y construire des Galeries voutées, Isolées et à l'abri des evenemens du feu, tel que devoit estre le lieu du depot qu'il faloit comencer d'Etablir pour la noblesse avant toutes choses.

Le Juge d'armes de France a obeï. Les manuscrits qu'il a recueillis montent a plus de 1400 volumes qui contiennent environ 1800 mile Titres, Extraits de Titres et mémoires concernant l'origine des familles, avec les notes critiques sur chaque Titre soupconné de faux, non compris les Livres imprimes, au nombre de plus de cinq mile, et conséquement au conseil de m. le Chancelier, Il vient d'aquerir vne vaste maison neuve, vieille ruë du Temple, ou ont été construites deux Galeries de 76 pieds de long chacune, telles que m. le Chancelier desiroit qu'elles fussent pour vn depot isolé *.

---

* L'une de ces galeries existe encore le long de la rue Debelleyme. C'est la seule qu'ait jamais possédée d'Hozier. L'autre,

Ces deux objects et de la Bibliotéque et de la maison pour lesquels le Juge d'armes de France, outre ses propres fonds, a contracte encore 330,000 livres de dettes dont il paye la rente, ne resisteront point à son zéle pour concourir aux desseins de Son Eminence, et il en fera volontiers le sacrifice pour laisser a elle seule la gloire de l'Etablissement a perpétuité d'vn Depot desire depuis si longtemps par la noblesse et atendu sous son Ministère.

C'est par l'Etablissement de ce dépôt, que là noblesse jalouse d'y estre comprise continuera de fournir par elle mesme les moyens de remédier aux abus et de faire revivre l'ordre, parce que les Titres des familles des diférentes provinces du Royaume decouvriront necessairement et successivement l'origine de toutes celles qui voudroient par la suite se parer d'vn nom étranger.

On estime donc que c'est la le premier et le plus sur moyen de parvenir a remettre successivement la Régle dans le Royaume, d autant que ce depot sera susceptible de tout ce que Sa Majesté jugera de plus convenable a ordoner, soit pour la perfection du Catalogue g.n.al, soit pour le recouvrement des minutes dispersées, dont on pourra confier le soin aux Comissaires departis dans les Provinces, soit enfin pour éviter à l'avenir des recherches momentanées qui, par l'avidité des traitans, multiplient presque toujours les faux nobles et souvent en detruisent de veritables.

---

celle du fond, fut gardée par le vendeur, messire Bauyn de Bersan; elle a subi depuis une transformation complète, mais on en voit les traces.

ART. II

(AUTRE MÉMOIRE) *

Son Eminence, convaincuë de la necessité de remedier :

1º A la dissipation des Minutes des Notaires;

2º Au dérangement de tous les dépots et Greffes publics;

3º A l'abus des qualités et des vsurpations de la part des Nobles et mesme des Roturiers, donna ordre, jl y a quelques années, au Juge d'armes de france, de lui dresser des Projets en forme de memoires sur ces trois chefs**.

Ces Mémoires, remis consequemment à Son Eminence, établissent de quelle importance il est pour la noblesse et pour tous les sujets du Roi de veiller à la conservation des minutes, à l'arangement des Depots publics, d'empescher à l'avenir, autant qu'il est possible, les falsifications des actes et des minutes mesme, dont plusieurs se sont trouvées ou suposées ou alterées par l'infidelité et la cupidité de ceux qui en etoient dépositaires. Mais la guerre survenuë et le manque de fonds nécessaire ont fait suspendre l'Execution des Intentions de Son Eminence, et ce n'a été qu'après la Paix anoncée que ce Ministre a jugé qu'il etoit convenable de comencer

---

* Il est d'une écriture de commis.

** L.-P. d'Hozier traite du premier et du troisième chef dans le mémoire précédent.

par un ouvrage digne de son ministère, et qui ren-
fermât les noms, les qualités, les armoiries des familles nobles du Royaume, leur filiation directe,
leur ancienneté prouvée, leurs services, leurs Titres
actuels et ceux de leurs ancestres, afin du moins qu'à
l'avenir on ne put rien substituer de contraire à vn
monument public dressé sur Preuves et sur témoi-
gnages juridiquement reconnus.

Cet ouvrage, tel utile qu'il soit, et qui entraine
necessairement vne dépense considérable, laisse encore à desirer l'Exécution de ce qui est contenu
dans les Mémoires déja fournis à Son Eminence, et
qui n'intéresse pas moins essentiélement le Corps
de la Noblesse.

C'est pour y parvenir que l'on remet devant les
yeux ds ce Ministre la necessité d'établir (ainsi qu'il
est de Loi dans la pluspart des Etats souverains) un
depot Royal de la Noblesse, où chaque Noble puisse
faire enregistrer successivement ses Titres, y déposer mesme ceux qu'il jugera assez importans pour
en craindre la perte, afin que par la suite on ne
puisse les alterer, ni en falsifier de contraires a ce
qui aura êté déposé de bonne foi.

Ce qui peut servir de première Baze à ce dépôt
est la Bibliotéque du Juge d'Armes de france*,
composée de plus de dix huit cent mil Titres origi-

---

*Déjà le 22 novembre 1717, son oncle, Charles-René d'Ho-
zier, avait fait don au Roy de son Cabinet, « c'est-à-dire de tous
les manuscrits, généalogies, preuves de noblesse, titres, extraits
de titres, et autres pièces, à l'amas desquelles son père et lui
avaient travaillé pendant l'espace de cent années ; en dédommagement de quoi Sa Majesté lui assigna par acte du 22 décembre de la même année 1717 une pension de 4,000 livres de rente
viagère. »

naux, ou les Extraits de Titres, manuscrits precieux et vniques qu'il a ramassés, Memoires Généalogiques, factums rares, et autres pièces; le tout rangé par ordre, en plus de quatorze cent Boêtes ou volumes in folio, Indépendament des livres imprimés.

Dans ce dépôt seront gagés, entretenus et instruits en nombre sufisant des Gens de choix, les nobles préferés aux autres, lesquels, après qu'ils auront été reconnus sufisament capables, pouront estre envoyés par le Roi dans les diferentes Provinces, à l'effet d'y dresser des Inventaires de tous les Depots et Greffes, et d'y rassembler les anciennes minutes dispersées, pour être remises dans des Depots particuliers relatifs au Dépot général.

Outre le nombre des persones destinées à travailler aux Inventaires, a recueillir les anciennes Minutes et a faire les Extraits des Titres produits dans le Dépôt general, Il y aura deux experts jurés et gagés, només par le Roi, pour juger des piéces qui paroitront suspectes et dont les decisions seront mentionées sur 1 Extrait des piéces qui auront excité quelque doute.

Pour éluder toute ocasion de complaisance et de seduction, on enregistrera gratuitement tout ce qui sera présenté et jugé en forme, au dire des Experts, afin que cette forme Juridique puisse tenir lieu de piece probante, en cas de perte ou de dissipation du Titre original.

Les Marechaux de france, comme Juges naturels de la Noblesse, auront l'Inspection générale du Dépôt et s'y transporteront, en tout ou en partie, quand ils le jugeront à propos, pour, sur le raport qui leur sera fait par le Juge d'Armes de france des opérations du dépôt, proposer tout ce qui pourra contribuer a l'vtilité de la Noblesse, et en rendre compte a Sa Majesté.

Le fonds que l'on auroit à indiquer à Son Eminence, seroit non seulement sufisant pour remplir tous ces objets et pour aquérir au nom du Roi le lieu du dépot et le dépot mesme du Juge d'armes de france; mais fourniroit encore annuellement de quoi répandre sur de pauvres familles nobles, destituées de secours et chargees d'enfans, procureroit d'ailleurs dans les Provinces vne circulation d'Especes, faciliteroit le payement des Impositions, exciteroit la nonchalance des hommes de journées et ne contribuëroit pas peu à augmenter le comerce *.

ART. III

MÉMOIRE** POUR MONSEIGNEUR LE COMTE D'ARGENSON, CONSEILLER D'ETAT ORDINAIRE, PRÉSIDENT AU GRAND CONSEIL ET COMMISSAIRE EN CETTE PARTIE.

Le Juge d'armes de france a eu l'honneur de lui répresenter, ainsi qu'a son Eminence, que M. le Chancelier, instruit de la necessité de mettre dans

* Il s'agissait d'une loterie, genre d'établissement alors fort à la mode. En décembre 1737 et en août 1739 parurent deux édits portant création, le premier, d'une loterie, et le second, d'une nouvelle loterie royale « pour procurer l'extinction de partie des capitaux de rentes sur l'Hôtel-de-Ville de Paris. »
** Il est de l'écriture de d'Auvigny.

vn lieu sûr les titres que la Noblesse confie journellement au Juge d'armes, lui conseilla de chercher vn
emplacement où l'on pût mettre ces mêmes titres
dans des lieux voutés et a l'abri de l'incendie. Cette
sage prevoïance de M. le Chancelier détermina le
juge d'armes a l'acquisition de la Maison qu'il occupe, et ou se rencontre tout ce qui est nécessaire a
vn dépôt public. Il en rendit compte a M. le Chancelier, qui l'assura que le Roi le dedommageroit d'vne
dépense faite seulement pour l'vtilité de la Noblesse.

L'acquisition de cette maison coûte au Juge
d'armes 164300 livres *, et il y a fait depuis quatre
ans pour plus de 58 à 60000 livres de dépense, pour
la galerie, bureaux, armoires et autres ajustemens
nécessaires, ce qui lui tient lieu annuellement de
plus de 11000 livres de loïer. Auant que M. le
Chancelier parla au Juge d'armes de l'achapt de
cette maison, jl en loüait vne de M. Palu, rüe Patou-
relle **, qui lui revenoit à 3000 livres. Le juge d'armes
trouve qu'il est juste de suporter cette même somme
pour celle qu'il occupe aujourd'huy.

Quant aux frais de bureaux, il ne peut les entretenir a moins de 23 ou 24000 livres par an, surquoi
il en suportera aussi ce que le ministere trouvera
juste, parce qu'il est vrai que si, dans le nombre
des affaires courantes, il y en a plus de la moitié qui
se font gratis, le surplus se prend sur la chose
même.

* L'acte de vente, passé le 11 juin 1735 devant Me Guérin,
notaire à Paris, ne porte que 150,000 liv. pour l'hôtel, et 2,400
liv. pour les glaces et les tableaux; mais il y a, en outre, les
frais d'acquisition.
** C'est la rue Pastourel.

Le Juge d'armes obseruera a Monseigneur le
Comte D'argenson, que depuis ce grand nombre
d'années qu'il trauaille, il ne s'est pas contenté de
s'en tenir aux affaires ordinaires de sa place, mais
qu'il a consommé des fonds immenses pour recueillir de toutes les provinces des pieces vniques, des
titres anciens; a quoi il a été excité plusieurs fois
par Son Eminence même, qui a toujours parû satisfaite de son zêle, et que, bien loin d'auoir recueilli
pour l'établissement de sa famille le fruit naturel de
son trauail et de ses recherches, jl est en état de
prouver qu'il c'est endetté de plus de 3ooooo livres,
independamment de ce qu'il a constitué en rente
viagere, letout pour soutenir ses bureaux, et afin que
la Noblesse en pût vn jour retirer toute l'vtilité
qu'elle en attend.

SECTION II

ART. I*

Louis, par la gràce de Dieu, Roi de france et de
Nauarre, A nos Amés feaux les Gens tenans nos
cours, etc., salut. Sur ce qui nous a été represené
par le sieur d'Hozier, Juge d'armes de france,
qu'en consequence de plusieurs Edits, arrets et réglemens des Rois, nos prédécesseurs, il est en droit
de composer vn armorial ou catalogue général des
Nobles du Roïaume et de leurs armoiries, pour le-

* Ce sont des renseignements, en forme d'arrêt, écrits par
d'Auvigny. Ils ont servi de base au *Projet d'Arrêt* qui suit.

quel nous lui auons accordé vn privilege en datte du
.... jl étoit nécessaire, pour mettre la noblesse
plus en état de profiter de cet ouvrage, de fixer le
prix des volumes et les frais de chaque article pour
ceux des gentilshommes que leur fortune mettra en
état de se charger de ces frais ; nous auons ordonné
et ordonnons :

I. Que le Juge d'armes, suiuant ses offres, sera
chargé, sans aucune exception, de tous les frais qui
concerneront les généalogies des gentilshommes,
justiffiés pauvres par vn certificat de quatre gentil
hommes, visé par l'Intendant ou le Lieutenant des
maréchaux de france.

II. Qu'il suffira de raporter trois titres de filiations
pour chaque degré, même deux et vn seul pour ce
qui remontera au dela de quatre cens ans, pourvû
neantmoins que ce titre vnique assure le degré dont
il sera question.

III. Que les gentilshommes hors d'état de prouuer
au dela de cent ans de possession de noblesse pourront être admis dans l'armorial général.

IV. Que le prix des volumes ci deuant a trente six
liures et chacun petit papier, sera reduit à vingt
quatre livres ; le grand papier à proportion *.

V. Et afin que la noblesse n'envisage aucun inconvenient couteux, si elle envoioit au juge d'armes tous

---

* Le premier registre en grand papier avait été annoncé en
janvier 1738 au prix de 96 livres, c'est-à-dire de 48 livres le
volume. Les armes contenues dans ces deux premiers volumes
ont été gravées par Beaumont.

ses titres sans reserue, afin de les voir en bon ordre, et qu'il pût inserer dans son armorial ce qui pourroit faire connoître le Lustre de leur maison, et mettre sous les yeux du public les seruices de leurs ancestres, Sa Majesté a ordonné et ordonne que les frais des articles de génealogie, *pour les gentils-hommes qui voudront envoïer leurs titres au Juge d'armes, ne pourront passer deux cens liures* *.

VI. Et qu'a l'égard de ceux qui ne fourniront que les titres absolument nécessaire pour la preuue des filiations, chacun de ces titres, pour le dix septieme et le dix huitieme siecle, sera taxé seulement a 3 livres et a 6 livres pour les tems les plus anciens.

ART. II.

D'HOZIER.

I. Depost royal de la noblesse, composé de ses recherches, dont les expeditions feront foy.

II. Catalogue des gentilshommes du royaume a mesure qu'ils se presenteront. Le 1er regis. paroist.

III. Dedomagement de ses avances.

Remboursement de sa maison. . 160000 liv.

Augment.

Frais de ses bureaux et eleves. . . 12000 liv.

Demande vn arrest qui fixe le prix de chaque vol.

* Cette clause n'est pas reproduite dans le *Projet d'Arrêt.*

3o liv. chacun des vol. des premiers registres; 25 liv. les suivans. On les vend 36 liv.

Frais pour la verification des titres présentés : 18ᵉ siècle, 3 liv.; 17ᵉ siècle, 4 liv. 10 s.; siecles anterieurs, 6 liv.*

PROJET D'ARREST **.

Le Roi ayant consideré qu'un des premiers fruits de la paix était de satisfaire au vœu de la Noblesse, sur l'exécution du Catalogue général des Gentils hommes et des Nobles de son Royaume, ordonné par arrest des quinze mars mile six cent soixanteneuf, deux Juin mile six cent soixante-dix, et autres Réglemens, et qu'vne des principales injonctions prononcées dans les arrets, jugemens et Ordonnances de maintenuë rendus en faveur de ses sujets, ètoit qu'ils se fissent inscrire dans ce Catalogue général, Sa Majesté auroit permis au sieur d'hozier, son conseiller en ses Conseils et juge d'armes de france, de faire imprimer et de distribuer, sous le Titre d'Armorial général de la france, des Registres qui comprissent successivement, et chacun par ordre alphabétique, les noms, surnoms, qualités, domiciles et armoiries de tous ceux qui Justifiëroient devant lui qu'ils sont en droit de joüir des prérogatives de la Noblesse, en raportant par eux les Titres de leurs priviléges, fondés ou sur une possession immémoriale, ou sur des Lettres de Concessions, et

---

* C'est d'après cette note qu'ont été remaniés les prix dans le *Projet d'Arrêt*. Elle est d'une écriture pareille à celle du comte d'Argenson.

** Il est de la main d'un expéditionnaire.

des ofices aux quels ces privileges sont atachés, soit personnellement, soit graduellement, et en vertu desquels ils en jouissent.

Sa Majesté, satisfaite d'ailleurs de l'ordre et de la forme du prémier regitre qui lui a été présenté et qui vient d'être rendu public, a estimé que cet ouvrage, capable de prévenir bien des abus, devant être continué avec les mêmes soins et la même exactitude, il êtoit à propos, à quelque dépense que les frais en pussent monter, de fixer le prix des Volumes de chaque Registre à vne somme assés modique, pour être à la portée de tous ceux auxquels ils seront vtiles, *sauf à elle de pourvoir pour le surplus, comme elle avisera bon être.*

Sa Majesté ayant aussi aprouvé les ofres qui lui ont été faites par le juge d'armes, non seulement de continuer ses soins pour la direction de cet ouvrage et de faire gratis toutes les vérifications des Titres qui lui seront présentés à cet effect, mais encore de se charger de tous les frais des extraits des Titres pour les Gentils hommes qui justifieront de leur pauvreté, en payant seulement, par les autres qui ne seroient pas dans le même cas, des salaires modiques aux gens destinés à déchiffrer et à faire ces Extraits, et sa Majesté, voulant sur le tout expliquer ses jntentions, Elle a ordonné et ordonne :

I. Que le juge d'armes de france continuëra, en cette qualité, de faire imprimer successivement, et s'il se peut d'année en année, la suite des Regitres, chacun par ordre alphabétique, contenant les noms, surnoms, Qualités, Domiciles et armoiries de tous les Gentils hommes et les Nobles du Royaume, jusqu'à ce que tout ce qui compose le Corps de la Noblesse soit entiérement constaté.

II. Qu'à cet effect, tous lesdits Gentils hommes et nobles *soient tenus* de répresenter au juge d'armes les actes en vertu desquels ils sont et seront en droit d'être compris dans ces regitres, soit à titre de Noblesse ancienne, soit à titre de Noblesse aquise et à aquérir au premier ou au second degré de possession, par lettres, provisions d'ofices ou autres priviléges non révoqués.

III. Que le prix de chaque Volume de ces Regitres qui seront distribués dans les Bureaux du juge d'armes, sera fixé à l'avenir, savoir : à trente livres ceux du premier regitre, et à vingt-cinq livres ceux qui s'imprimeront successivement ; lesquels Volumes ne pouront doresnavant être moindres de cinq cent Pages. *Sauf à Sa Majesté de pourvoir au surplus, ainsi qu'Elle avisera bon estre.*

IV. Que pour le salaire des gens destinés à déchifrer et à extraire les Titres qui seront présentés pour ceux qui doivent être compris dans ces Regitres, il sera payé seulement pour chaque extrait de titre, de quelque longueur qu'il puisse être, savoir : pour ceux du dix huitième siècle, la somme de trois livres ; pour ceux du dix septiesme siécle, celle de quatre livres dix sols ; pour ceux du seizieme siécle, celle de six livres ; et pour ceux des siécles antérieurs, celle de dix livres.

V. Que toutes les Vérifications des Titres présentés seront faites gratis par ledit juge d'armes, et que, conformément à ses ofres, il se chargera de satisfaire mesme à ses frais, des Extraits pour les Gentils hommes qui justifieront de leur pauvreté par vn Certificat du Gentil homme préposé pour faire le régalement de la Capitation des Nobles, lequel certificat sera atesté par deux autres Gentils hommes du ressort et duëment legalisé.

VI. Que pour faciliter aux Gentils hommes justifiés pauvres les moyens d'envoyer leurs Titres sans frais, ils pouront les adresser aux secretaires d'Etat dans le département desquels ils seront, et qu'après la Vérification qui en sera faite par le juge d'armes de france, ces titres leur soient renvoyés par la même voye à leur adresse marquée.

VII. Et qu'au surplus les arrets du Conseil des 15 mars 1669, 2 juin 1670, Réglemens et Déclarations rendus sur le fait de la Noblesse et des Armoiries, seront executées selon leur forme et teneur, en ce qu'ils n'auront rien de contraire au présent arrest en forme de Réglement, pour l'Execution duquel sa Majesté enjoint aux sieurs jntendans Commissaires départis, de même qu'au juge d'armes de france, de tenir la main, et ordonne que toutes lettres patentes seront expediées si besoin est. Fait au Conseil d'Etat du Roi, Sa Majesté y étant, tenu à .....

ART. III*

Trois objets forment le plan général proposé par

---

* Le cardinal de Fleury avait nommé le comte de Maurepas et le comte d'Argenson commissaires dans l'affaire d'Hozier. Ce rapport est celui du comte d'Argenson. Il est de la main d'un expéditionnaire.

le Juge d'armes de france et le motif de ses demandes.

Le premier est l'Etablissement d'un depôt royal
de la Noblesse, où les recherches immenses qu'il a
faites et tout ce qui poura par la suite être recueilli
en ce genre soit conservé à perpetuité, pour le secours
des Nobles du Royaume qui auroient la faculté d'y
déposer leurs actes les plus jntéressans, et dont les
expéditions qui leur seroient délivrées auroient la
même foi que les originaux mêmes.

Observation.

J'ai vû le projet que son Eminence en aprouva il y
a quelques années et qu'Elle renvoya a Monsieur
Chauvelin, entre les mains duquel il est resté sans
Effet. Il seroit à desirer qu'il put avoir son éxécution
sous vn ministére dont toutes les vues sont de contribuer au bien général, et on ne peut disconvenir
de toute l'vtilité qui en résulteroit.

Le second objet est le Catalogue des Gentils
hommes et des Nobles du Royaume, dont vient de
paroître le premier Regitre, qui contient les noms,
surnoms, qualités et Domiciles des familles qui se
sont presentées, soit d'ancienne, soit de Nouvelle
Noblesse.

Observation.

Il est évident que si cet ouvrage eut été commencé
dans le temps qu'il a été demandé par tout le corps
de la Noblesse, lorsqu'Il obtint à cet Effet du Roi
Louis XIII la Creation de l'office de Juge d'armes de
france, les Faussaires qui ont peuplé le Royaume
de faux Titres, auroient en vain exercé leurs talens,

et on auroit pu se dispenser de toutes les recherches qui ont quelques fois détruit de veritables Nobles, et qui souvent en ont augmenté le nombre par faveur ou autrement. Ces Catalogues ou Regitres publics se perpétuant de race en race, suivant les gradations et les divers évenemens des familles, n'auroient compris que des choses certaines et prouvées, au vû et au sçu de tous les contemporains. C'est donc vne opération asses jntéressante pour que le ministère prévienne, du moins dans l'avenir, des abus auxquels on n'a point encore radicalement remédié, et il paroist de la politique du gouvernement que les provinces soient instruites par vn acte de la Volonté du Roi que sa majesté protége un ouvrage aussi nécessaire, tant de fois sollicité et tant de fois ordonné.

Le troisieme objet sont les réprésentations du Juge d'armes de france, tendantes à un dédomagement et a l'assurance d'vn fonds annuel, eû égard à toutes les avances et les emprunts qu'il a été obligé de faire, soit pour former ses collections et son ouvrage, soit pour l'aquisition de la grande Maison qu'il destinoit au Dépôt général, soit encore pour l'Etablissement de ses Bureaux et l'Entretien d'vn grand nombre de Gens de Lettres ou autres qu'il a dressés et auxquels il fournit de gros apointemens.

Observation.

A juger par ce que j'ai vû moi-même, non seulement la Collection immense de Manuscrits et de piéces vniques qui deviennent encore plus précieuses depuis l'jncendie de la Chambre des Comptes *, mais

* Cet incendie éclata le 27 octobre 1737 et dura plusieurs

encore de la Grandeur de la maison où ils sont con-
servés, du nombre de Gens qui travaillent sans cesse
à les multiplier; et à les perfectioner, et d'ailleurs
de l'ordre dans lequel tout y est observé, il est aisé
de concevoir que le juge d'armes a plus agi en Ci-
toyen qu'en homme qui songe à ses jnterêts. Pour
soutenir vne pareille dépense, il faut être ou origi-
nairement bien riche, ou avoir contracté de grandes
dettes*. Je me suis informé de ses facultés, elles sont
des plus médiocres (c'est bon signe), et il est prouvè
que, bien loin de s'enrichir dans sa place, il a fait des
emprunts très considérables. Ce que l'on peut dire
de plus est que son travail aquérera vn jour vn mérite vnique, par ce que tous ses Extraits de Titres
sont remplis d'observations intéressantes, et qu'il y
a grand nombre de nottes par raport aux piéces
fausses ou informes qui ont passé à son Examen.

Avis sur chacun des trois Chefs.

Premiérement. L'Etablissement du Dépôt Royal
de la Noblesse seroit, comme je l'ai observé, Grand,
desirable, et pourroit avoir son exécution; mais

jours. Il détruisit la plus grande partie des archives. On ne put
sauver que quelques liasses de papiers à demi consumées. Longtemps après, il y avait encore dans la bibliothèque de d'Hozier
plusieurs tomes manuscrits intitulés : *Miscellanea de la Chambre des Comptes.*

* Aussi L.-P. d'Hozier a-t-il laissé beaucoup plus de dettes que
de biens. Le passif de sa succession s'éleva à 551,018 livres 7
sols 1 denier. L'actif n'était que de 432,920 livres 3 sols 7 deniers. Il y eut donc un déficit de 118,098 livres 3 sols et 6 deniers; mais les enfants tinrent à honneur de payer intégralement
tous les créanciers. Leur acte de partage, en date du 10 mars
1778, eut lieu dix ans après la mort de leur père, décédé en son
hôtel le 25 septembre 1767.

comme il demande diférents arangemens et des dépenses considérables et annuelles, son Éminence a tout le temps de faire sur cela ses réflections.

Secondement. J'estime que le Roi ne doit point entrer dans aucun dédomagement pour ce qui regarde les frais de l'impression ou gravures des Registres de la Noblesse, à moins que Sa Majesté ne juge à propos, comme il arrive quelquefois, de se reserver vn certain nombre d'Exemplaires en Grand papier, pour en faire des presens aux Etrangers ou autres; mais mon avis est que ces registres de la Noblesse soient continués, et que, par vn arrest du Conseil en Commandement, Sa Majesté : 1º aprouve le plan de l'ouvrage, conformément aux diférens arrets et réglemens prononcés précédemment et qui font la matiére de la Préface de cet ouvrage; 2º fixe le prix de chaque volume (que le public trouve un peu cher); 3º régle le salaire du légitimement à ceux qui déchifrent et qui font les Extraits des Titres, le tout conformément au tarif proposé; et ordonne en même temps que, suivant les ofres volontaires du Juge d'armes, Il fera pour cet ouvrage toutes les vérifications de Titres gratis, et que les Gentilshommes qui justifieront de leur pauvreté soient exempts de tous frais.

Et troisiemement. Je serois d'avis : 1º que le Roi ne perdit pas de vuë les manuscrits oferts par le Juge d'armes, sans lui faire apercevoir les jntentions que l'on pouroit avoir sur cela, afin que quand Sa Majesté y sera déterminée, on en puisse tirer le meilleur marché que l'on pourra; 2º que sa majesté ne se chargeat point d'aquérir la maison du Juge d'armes (l'objet est trop considérable), mais qu'il lui plut accorder vn Logement convenable et à portée du public, soit au Louvre ou ailleurs — le Juge d'armes pourra profiter de ce pretexte honorable pour revendre sa maison* et aquiter par ce moyen vne partie de ses dettes. — et 3⁰ que pour l'Entretien des Bureaux et les apointemens des Gens que le Juge d'armes a instruits, et même pour l'Engager a en dresser encore d'autres, d'autant qu'il y a peu de sujets capables de matiéres aussi abstraites, il plaise aussi à sa majesté de faire vn fonds annuel, et je l'Estime d'autant plus necessaire, qu'il ne seroit pas juste de réduire le Juge d'armes au point de congédier des Gens déja instruits et qui ont contribué à ses propres frais et par des travaux pénibles et fastidieux à un objet principal que l'on doit considérer comme vn objet d'Etat, nécessaire à continuer et à perfectionner.

Quant a la récompense annuelle que le Juge d'Armes paroist desirer, j'avoue que sa situation et son désinteressement peuvent la lui mériter, mais je le laisserois dans l'Esperance et je réduirois les graces du Roi à l'arrest du Conseil, au logement et au fonds annuel pour la conservation des Gens de Lettres, sous le titre de frais de Bureaux.

J'observe seulement que, considérant certains engagements que le juge d'armes doit aquiter avec honneur dans l'année, Sa Majesté, par bonté, pouroit, sans rien risquer, lui faire quelque legere avance.

---

* Cet hôtel est resté la propriété de la famille d'Hozier jusqu'au 26 brumaire an VII. Les deux fils du président Louis-Denis d'Hozier la vendirent alors au sieur Farcot moyennant la somme de 72,000 fr. Le comte Porcher de Richebourg, sénateur sous le premier empire, en fut ensuite propriétaire. Il appartient aujourd'hui à M. Harion et à son gendre M. Morin.

SECTION III

AU ROY*.

SIRE,

La Noblesse de Votre Royaume, jalouse de conserver à perpétuité les monumens de son ancienneté et de ses services, chargea il y a plusieurs années le Juge d'Armes de France, de faire agréer à Votre Majesté, par le Ministère de feu M. le Cardinal de Fleury, l'établissement d'un Dépost Royal de la Noblesse, et l'impression des Regitres ou Catalogues Généraux des Nobles sous le Titre d'Armorial Général de France. Ce Ministre, persuadé de la nécessité d'un pareil Dépost, et de l'utilité des Catalogues des Nobles, ordonnez par toutes les Déclarations de Votre Majesté, et du feu Roy son Bisayeul, concernant la Noblesse, fit annoncer dans les Provinces ces deux opérations par des Memoires dirigez par luy-même, imprimez ensuite, et dont plusieurs furent distribuez par Son Eminence.

Consequemment M. le Chancelier ordonna au Juge d'Armes de chercher dans Paris un grand Hôtel** où il pût y avoir des Galleries voûtées et isolées, pour mettre à l'abri des événemens les Actes qui seroient conservez dans ce Dépost Royal. Le Juge

---

* Ce mémoire, imprimé en 1747, est excessivement rare et presque aussi inconnu que les précédents, qu'il continue et dont il donne le résumé.

** On voit d'après le *Plan* à vues cavalières *de Turgot*, que c'est l'ancien hôtel d'Épernon.

d'Armes trouva un emplacement convenable, et en rendit compte à M. le Chancelier, qui l'assura affirmativement que M. le Cardinal luy feroit payer la somme de cent mil écus; l'acquisition fut faite, et l'Edit de l'établissement fut dressé par le Juge d'Armes, et approuvé par Son Eminence, qui le renvoya à M. Chauvelin alors Garde des sceaux de France, et quelques jours après à M. le Chancelier, auquel Votre Majesté avoit remis les sceaux *.

Quant aux Regitres, ou Catalogues des Nobles, Son Eminence en donna le Plan et les Jnstructions au Juge d'Armes, comme une des prérogatives de son Office, et luy promit 50000 livres sur la dépense des deux premiers Volumes, qui ont coûté près de 32000 écus.

Sur ces deux assurances, le Juge d'Armes fit des emprunts au-delà de ses facultez; mais ne voyant ny remboursement de l'Hôtel du Dépost, ny avance pour l'Jmpression des Regitres de la Noblesse, il fit ses représentations à Son Eminence **, qui nomma pour Commissaires M. le Comte de Maurepas, et M. le Comte d'Argenson, ausquels, quelques mois avant sa mort, il recommanda de finir l'arrangement dont on va rendre compte à Votre Majesté.

M. le Comte de Maurepas ayant proposé d'abord de loger le Dépost au Louvre, les nouvelles dépenses qu'il y falloit faire firent changer ce projet, et on

---

* Les sceaux furent retirés à Chauvelin le 20 février 1737 et donnés le même jour à d'Aguesseau.

** M. le Cardinal envoya en même temps feu M. Herault, conseiller d'Etat, chez le Juge d'Armes, pour l'assurer de sa part, qu'il auroit bien-tôt lieu d'être content, et qu'il n'eût sur cela aucune inquiétude. (D'H.)

convint qu'en attendant le remboursement, il seroit donné par an, une somme pour le loyer du Dépost, attendu les emprunts considérables faits pour l'acquisition et les autres frais nécessaires. M. le Chancelier de sa part fut d'avis de faire un échange avec des Domaines, ou des Rentes Domaniales, et chargea le Juge d'Armes, de voir sur cela M. de Gaumont et M. Trudaine.

Ces differens objets de dédommagement n'ayant pas vraysemblablement trouvé d'accès auprès du Ministre alors de la Finance *, il fut de nouveau proposé à M. le Cardinal de Fleury, du consentement de M. le Chancelier, et des deux Ministres Commissaires en cette partie, un arrangement qui, sans intéresser les Finances de Votre Majesté, opéreroit pour le Juge d'armes, un remplacement proportionné à ses avances.

Cet arrangement, s i r e, fut que le Juge d'Armes, feroit à Votre Majesté une donation pure et simple, non-seulement de l'Hôtel du Dépost de la Noblesse, mais encore de tous les Manuscrits qu'il contient, de la valeur de plus de douze à treize cent Volumes, recüeillis avec des frais immenses; (M. le Maréchal de Noailles, M. le Maréchal de Bellejsle, et M. le Comte d'Argenson, qui en ont une entiére connoissance, sont en état d'en rendre compte à Votre Majesté) et qu'en cette considération, Elle seroit suppliée de créer héréditaire l'Office de Juge d'Armes de France, possédé depuis plus de cent ans par la Famille de l'Exposant, et d'en régler les fonctions relativement

---

* Le contrôleur général des finances Orry, en place depuis quatorze ans, fut remercié au mois de décembre 1745 et remplacé par Machault.

à son premier Edit de.* création, en fixant cet Office
à une finance proportionnée à la donation offerte à
Votre Majesté, et approuvée par ses Ministres.

Tous les Articles de l'Edit de cette création d'hé-
rédité, furent discutez en 1742 chez M. le Comte
de Maurepas, avec M. le Comte d'Argenson, en présence du Juge d'Armes ; et ces deux Commissaires,

---

* Cet Edit de 1615, confirmé par celui de 1701, regîtré en la
Chambre des Comptes, et en la Cour des Aides, porte expressement que le Conseiller Juge General d'Armes ne pourra être
pourvû, qu'il ne soit Gentilhomme d'ancienne extraction ; qu'il
sera ordinairement à la suite du Roi, avec pouvoir de juger des
Blazons, Couronnes, Cercles, Supports, Manteaux, etc. et
de connoître des differends qui naîtroient à cette occasion entre
les Particuliers. Qu'il ne sera expedié aucunes Lettres d'attri-
bution de Noblesse sans son attache pour le reglement des
Armes, *qui est la prérogative et le simbole des Nobles ;* et que
tous Regîtres des Armes des Nobles ne pourront être faits que
de son avis et ordonnance ; d'où il est concluant que tous ceux
qui, depuis la suppression de la grande Maîtrise des Armoiries,
ont été aggrégez au Corps de la Noblesse par Charges, Capitou-
lats, Mairie, Echevinage ou autres Privileges, ne sont pas moins
assujétis à faire régler leurs Armes, que ceux à qui le Roy l'enjoint expressement dans les Lettres d'annoblissement. Aussi
pour prevenir de pareils abus, le feu Roy, par un Arrest de son
Conseil du 9 Mars 1706, ordonna-t'il que nul ne pourroit porter
des Armoiries timbrées, sans le Reglement du Juge d'Armes de
France ; néanmoins il n'y a presque personne qui ne se soustraye
à ces Loix, et qui même dans la Bourgeoisie de Paris, ne s'in-
gére de prendre des Armes à son gré et d'y arborer des Couronnes de Marquis ou de Comtes, et quelquefois de Ducs : c'est
à cette occasion que feu M. le Cardinal écrivit au Juge d'Armes
qu'il eut à faire sa Charge, et qu'il le soutiendroit. Et M. le
Comte de Maurepas, ainsi que M. le Comte d'Argenson, sont
convenus en travaillant au nouvel Edit dont il s'agit, que le
meilleur moyen d'arrêter ces abus, et de maintenir le Juge
d'Armes dans l'autorité que le Roi lui avoit confiée, étoit de
prononcer une amende considerable contre les contrevenans,
depuis l'Edit du mois d'Aoust 1700. (D'H.)

qui convinrent tous deux que feu M. le Cardinal[*]
leur avoit recommandé de faire agréer à Votre Majesté la justice et l'utilité de cet arangement, char-
gérent le Juge d'Armes de dresser l'Edit ainsi qu'ils
l'avoient projetté, pour être remis à M. le Chancelier, qui luy-même en avoit aussi donné et prescrit
le Plan, ajoûtant qu'il étoit juste qu'un effet acquis
pour Votre Majesté, de l'aveu de son Ministre et de
luy-même, ne fut pas plus long-temps à la charge
de l'acquereur ; et que d'ailleurs il étoit important
que des Monumens aussi intéressans, recüeillis pour
la plus noble partie de l'Etat, fussent conservez à
perpétuité sous la main et l'autorité de Votre Majesté, d'autant qu'Elle acquéroit deux grands effets,
sans autre compensation, pour le principal, qu'une
finance fictive[**].

Votre Majesté, pleine de justice et de bonté pour
une Famille attachée à son service depuis plus de
130 ans, et qui, en méprisant les fortunes offertes,
a toujours fait gloire d'être fidéle à son serment, est
très humblement suppliée de considérer que le Juge
d'Armes se consume depuis plus de 13 ans, par les

---

[*] Le cardinal de Fleury est mort le 29 janvier 1743.

[**] Cet arangement ne réussit ni pour l'hôtel ni pour les
manuscrits : l'hôtel continua à être une cause d'ennui pour
L.-P. d'Hozier et ses héritiers jusqu'au jour de sa vente, faite à
un simple particulier le 16 novembre 1798; quant au second
désir de l'infortuné juge d'armes, il ne s'est réalisé qu'en 1851,
six mois après la mort de son petit-fils, le comte Charles d'Hozier.
La riche collection de titres connue sous le nom de *Cabinet
d'Hozier* a été alors cédée à l'Etat par la veuve du comte, seule
héritière. A cette date, la cession de tous ces papiers nobiliaires
n'a pu être faite que dans des conditions très-défavorables. Le
comte d'Argenson lui-même, s'il eût vécu, n'aurait pas pu les
avoir à « meilleur marché ».

7

interests qu'il paye, tant pour l'acquisition de l'édi-
fice destiné et annoncé pour être à perpétuité l'Hôtel
Royal du Dépost de la Noblesse, que pour ses autres
emprunts, ayant fondu presque tous ses effets afin
d'y faire honneur ; et que pour l'établissement de
sept Enfans, ausquels il luy est impossible de donner
leur partage sans cette finance fictive, il n'a d'autre
ressource que l'execution de l'arrangement inspiré
par M. le Chancelier, agréé par feu M. le Cardinal,
et trouvé juste par M. le Comte de Maurepas et
M. le Comte d'Argenson, commissaires nommez à
cet effet.

Pierre y ajouta la particule *. On a aussi écrit Dosier, dhozier, d'hozier, d'ozier, D'hozier, etc.

Louis-Roger, fils aîné de Pierre, est peu connu parce qu'il devint aveugle en 1675. Charles-René, son frère, resta alors seul titulaire **, et le roi accorda une pension de 1,000 livres à l'aîné. Dix ans après, quand l'auteur de l'*Armorial* vint au monde, le 20 novembre 1685, le père, présent le lendemain au baptême, déclara « ne sçavoir signer à cause de la

---

*   « *Extrait du journal d'Etienne Hozier II.* »

« 1592, le dix de Juillet, Françoise Le Teliere ma fame s'et délivrée de Pierre Hozier, et lendemein unziéme a été tenu à Batême dans l'Eglise des Acoules par le Sieur Pierre Olivier, l'un de mes compagnons du voyage d'Italie, et damoysele Marguerite de Lenche, fame du sieur de Foresta, Juge du Palais. »

** Charles-René d'Hozier, né à Paris le 24 février 1640, y est mort sans postérité, le 13 février 1732, âgé de quatre-vingt-douze ans. Il eut quelques vicissitudes dans ses fonctions : la charge de juge d'armes de France fut supprimée par édit du mois de novembre 1696. Le roi créa en même temps une grande maîtrise à Paris avec des maîtrises particulières dans les provinces, et il décida, en outre, qu'il serait créé un *Armorial général* où devaient être enregistrées les armoiries des personnes, domaines, compagnies, corps et communautés du royaume. Quatre ans après, par un autre édit du mois d'avril 1701, ayant rétabli l'office de juge d'armes de France, il en pourvut de nouveau, le 23 août suivant, Charles-René d'Hozier. Pendant cet intervalle, un avis du conseil, du 18 décembre 1696, avait conféré à ce dernier les fonctions de garde de l'*Armorial général*, manuscrit. Les 34 portefeuilles in-folio dont se compose ce vaste recueil de noms et de descriptions d'armoiries, furent compris dans la cession de 1717; mais avant de s'en dessaisir, Charles-René en avait fait faire une copie qui se trouve également aujourd'hui à la Bibliothèque impériale. L'exemplaire original est seul communiqué au public. Il y a aussi les 35 volumes in-folio dans lesquels sont figurées les armes peintes de tous ceux dont le nom se trouve dans l'Armorial général de Charles-René. Ces derniers volumes ne sont pas en double.

perte de sa veuë ». Déjà le même incident s'était
produit le 20 avril 1680, lors du contrat de mariage
de Louis-Roger. On y lit cette mention : « Ledit
sieur futur époux a déclaré ne pouvoir signer à cause
de son incommodité de sa veuë, de ce interpellé,
suivant l'ordonnance. » Il était né à Paris le 7 janvier 1634, et y mourut le 29 juin 1708.

Louis-Pierre, son fils, « fut fait Juge d'armes de
France et généalogiste des écuries du roi, en survivance de Charles-René, son oncle, par lettres datées
les unes et les autres du 2 novembre 1710. » Il épousa
en 1716 Marie-Anne de Robillard. Leur contrat est
du 22 mars. Elle mourut le 7 février 1739, âgée
seulement de quarante-deux ans, et fut enterrée
dans le cimetière de l'église Saint-Gervais, sa paroisse. Le mari en déplore la perte dans deux de ses
lettres. Il en avait eu sept enfants : quatre fils et trois
filles *. Il lui survécut pendant de longues années et
mourut le vendredi 25 septembre 1767, à l'âge de
quatre-vingt-deux ans. Louis-Pierre était conseiller
du roi en ses conseils et chevalier doyen de son
ordre. Il fut inhumé le lendemain dans le cimetière
où reposait sa femme. Son exécuteur testamentaire,
Mᵉ Bronod (Edme-Louis), notaire de la famille, dres-
sa l'inventaire de la succession et fit recevoir cet acte,
en date du 30 septembre 1767, par Mᵉ Maigret, autre
notaire de Paris. C'est Mᵉ Bronod qui avait déjà
dressé, le 23 février 1739, l'inventaire de feu Mᵐᵉ d'Hozier, dont il est parlé dans la onzième lettre.

Louis-Pierre eut pour successeur, dans la charge

---

* L'aînée, Mᵐᵉ Perrotin de Barmond, décéda avant son père,
sans laisser d'enfant.

de juge d'armes de France, Antoine-Marie d'Hozier
de Sérigny*, son second fils, qui, dès le 1ᵉʳ octobre
1734, avait obtenu des lettres de retenue dans cette
charge en survivance de son père. Né le 28 août 1721,
d'Hozier de Sérigny n'avait alors que treize ans**.
Plus tard, il aida très-activement son père à composer l'*Armorial*, surtout dans les dernières années,
mais il ne le continua pas après la mort de Louis-
Pierre et s'arrêta au VIᵉ registre, publié en 1768.
Cet ouvrage avait été annoncé et entrepris en 1736.

Antoine-Marie ne s'étant pas marié, les fonctions
de juge d'armes furent remplies dans la suite par son
neveu Ambroise-Louis-Marie, fils aîné de son frère,
le président (Denis-Louis) d'Hozier***. Ambroise fut
de bonne heure destiné à cette charge, « mais il
n'en prit possession que le 24 octobre 1788 », dit

---

* « Sérigny n'est pas ici un nom de Terre : c'est le nom de
Famille corrompu d'Yoland de Cerrini, femme de Pierre d'Hozier et bisayeule paternelle d'Antoine-Marie d'Hozier. »

** Les biographes ne sont pas d'accord sur la date de son
décès, et aucun d'eux n'en indique le lieu. L'un dit qu'il est
mort en 1798, l'autre vers 1810. Son acte de décès ne se trouve
ni à Paris ni à Chartres.

*** Denis-Louis, né le 17 avril 1720, avait obtenu de [son
côté, le 1ᵉʳ octobre 1734, des lettres de retenue dans la charge de
généalogiste des écuries de S. M., en survivance de Louis-Pierre
d'Hozier, dont il était le fils aîné. Il fut, en effet, « Commissaire
du Roy pour les Preuves de noblesse des Pages de Sa Majesté
et des Demoiselles de la Maison Royale de Saint-Louis et Saint-
Cir. » Denis-Louis est décédé à Paris, le mardi 14 octobre 1788,
« en son hôtel, vieille rue du Temple, âgé de soixante-huit ans
passés ». L'acte de décès porte la signature de d'Hozier de
Sérigny, frère du défunt. Quelques jours après, le juge d'armes
de France transmettait sa charge à Ambroise, son neveu, qu'il
avait tenu sur les fonts baptismaux par représentation de Louis-
Pierre d'Hozier, « ayeul paternel de l'enfant. »

M. de Barthélemy dans la notice qui précède son utile résumé de l'*Armorial**. Suivant M. de Stadler, il fut nommé par provision du 26 octobre 1788. Ce fut là le dernier juge d'armes de France : cet office disparut avec l'ancienne monarchie, et il n'a pas été rétabli. Les d'Hozier n'ont donc pas reconquis leur haute position officielle, mais leur rôle, dans le passé, a été considérable : pendant cinq générations consécutives, c'est-à-dire depuis 1641 jusqu'à la révolution **, ils sont restés « en possession du droit de dresser les généalogies officielles », ainsi que le fait remarquer M. Chéruel dans son excellent ouvrage sur les institutions françaises ***.

L'*Armorial* n'a été repris que longtemps après par l'ancien juge d'armes, appelé parfois aussi, comme

* *Armorial général des registres de la noblesse de France*, résumé par Édouard de Barthélemy. Paris, Dentu, 1867. 1 vol. in-8.

** Toute la famille se retira alors à Chartres. Elle revint momentanément à Paris, en pleine tourmente révolutionnaire, pour y procéder, le 5 avril 1793, au partage des biens délaissés par Denis-Louis. D'Hozier de Sérigny fut du voyage : il était le tuteur d'Abraham-Charles-Augustin, le plus jeune des trois fils de son frère. Par cet acte, reçu M. Gibet, notaire national, l'hôtel fut attribué à Charles et à Ambroise, au prix de 180,000 livres. Outre les susnommés, furent encore présents et signèrent à l'acte, Adélaïde-Geneviève de la Croix (d'Orangis) et César-Louis, l'une veuve et l'autre second fils de Denis-Louis. César-Louis était né le 3 avril 1767, et avait obtenu, le 15 décembre 1784, de M. Chérin père, le certificat de noblesse requis pour le service militaire. Dans sa notice sur les d'Hozier, M. E. de Barthélemy nous apprend que ce dernier « mourut jeune en Amérique. »

*** *Dictionnaire historique des Institutions, Mœurs et Coutumes de la France*, par A. Chéruel. Deuxième édition. Paris, Hachette, 1865. 2 vol. in-12.

son père, le président d'Hozier. Un autre fils de Denis-Louis, le chevalier Abraham-Charles-Augustin d'Hozier d'Orangis*, titré comte, aida son frère aîné dans ce travail, et le VIIe registre ou onzième volume de l'*Armorial* parut en 1847, malgré la mort d'Ambroise, décédé à Versailles le 16 août 1846**. M. A. de Stadler, archiviste paléographe, a aussi pris part à ce travail, dont la 1re livraison avait paru en juillet 1844.

La révolution de Février acheva d'arrêter cette publication à peine commencée. La maison Didot se propose, dit-on, de la continuer. C'est à elle déjà que l'on doit la réimpression des six premiers registres de l'*Armorial*, imprimés pour la première fois de 1738 à 1768, en dix vol. in-fol. Le premier registre seul avait été réimprimé de 1821 à 1823, sous la direction de l'ancien juge d'armes, nommé vérificateur des armoiries, près la commission du sceau des titres, le 20 octobre 1814.

NOTE II

Maurepas (Jean-Frédéric-Phélippeaux, comte de), était petit-fils du chancelier de Pontchartrain. Il naquit en 1701 et fut ministre à l'âge de vingt-quatre

---

* Le comte Charles d'Hozier, né le 11 décembre 1775, fut baptisé le 17 avril 1776 et eut pour parrain son oncle paternel « Messire Charles-Pierre D'hozier, Prêtre chanoine, Archidiacre et vicaire general de Chartres. » Il est mort à Paris le 20 février 1851, laissant un fils et une fille d'un premier lit et deux filles de son union avec demoiselle Simphorien Simonin.

** Il était né et avait été baptisé « le samedy vingt » octobre 1764.

ans. Son ministère embrassait la maison du roi et la marine. Une chanson intitulée : *Testament et adieux du cardinal de Fleury*, lui consacre un couplet assez flatteur, qui a trait à ces dernières attributions.

1742
<hr>
Décembre

> Le Maurepas est vn sujet ;
> Mais, trop rempli de son objet,
> Il veut élever la marine,
> Et ce seroit notre ruine.
> J'ai toujours barré ses desseins,
> De peur de fâcher nos voisins.

Comme tous les autres ministres sont fort maltraités dans cette chanson, on l'a attribuée à Maurepas. Quoi qu'il en soit, son esprit de dénigrement le perdit : un bouquet de roses blanches, offert au roi, le jour de sa fête, par Mme de Pompadour, inspira au ministre satirique un quatrain dont l'insultante équivoque révélait à toute la cour ce que la marquise était jusque-là parvenue à dissimuler à son royal amant*. La femme outragée dans ses charmes ne pardonna pas, et Louis XV, partageant le courroux de sa maîtresse, exila** à jamais le compagnon des jeux

---

*
> La marquise a beaucoup d'appas :
> Ses traits sont vifs, ses grâces franches,
> Et les fleurs naissent sous ses pas ;
> Mais, hélas ! ce sont des fl..... bl.......

** Voir le journal de Barbier : Avril 1749. Jeudi, 24, à huit heures du matin, M. d'Argenson a porté à M. le comte de Maurepas une lettre du Roi, écrite de sa main, par laquelle il lui mande qu'il a disposé de toutes ses places et lui ordonne de partir pour Bourges. Plus tard, il obtint de résider à son magnifique château de Pontchartrain, et les nombreuses visites qu'il y reçut, à cause du voisinage de Versailles, adoucirent son exil. Il n'était plus qu'à deux lieues de la Cour.

de son enfance. Le duc de Richelieu, d'abord soupçonné, produisit, pour sa justification, le quatrain
original écrit et raturé de la main du ministre.

A son tour, le comte de Maurepas n'était pas à
l'abri de la malignité publique, et on le disait d'une
insuffisance de tempérament plus que lymphatique.
La poésie badine et irréligieuse de ce temps a plusieurs fois enregistré ces bruits :

NOEL

Pour l'amour de Marie,

SUR LES MINISTRES ET SECRÉTAIRES D'ÉTAT.

1743
Janvier.

Quelle est la troupe qui s'avance?
Ah! qu'ils ont l'air impertinent :
Ce sont les ministres de France
Qui viennent adorer l'enfant.

. . .   .

Maurepas a dit au Messie
J'aimerois ta Religion
Quand tu n'aurois fait dans ta vie
Qu'oster la circoncision.

Ton batesme n'a pas de suite
Et je n'y sens point de dégoust,
Mais le couteau de ton lévite
Ne m'auroit rien laissé du tout.

AUTRE CHANSON

Sur l'air du *Cap de Bonne-Espérance*.

1744
Juin

Comment voules vous qu'en France
La marine aille son train,
Confiée à l'impuissance
Du dernier des Pontchartrain?

Nous souffrons de son étoille.
Il ne manque pas de voille;
Mais où le blesse le bat,
C'est qu'il n'a pas de grand mat.

Il s'était marié avec Mlle de La Vrillière, sa parente, sœur du comte de Saint-Florentin*; mais il n'en eut pas d'enfant. Par compensation, il accordait une grande autorité à sa femme, qui était l'exemple de la vertu la plus exacte de ce temps. C'était un des deux ou trois ménages modèles qu'on citait alors à la cour.

Maurepas était au moral ce qu'il était au physique, sans élan, sans affection, sans haine, et tout à fait dépourvu de ces sentiments nobles, généreux, parfois impétueux, qui affirment l'homme. Il ne sentait

---

* Louis Phélypeaux ou Phélippeaux, comte de Saint-Florentin, secrétaire d'État, fut créé duc de La Vrillière en 1770.
Voici l'épigramme qu'on fit contre lui à sa mort :

Ci-gît un petit homme à l'air assez comuun
Ayant porté trois noms et n'en laissant aucun.

Toutefois le nom de La Vrillière est demeuré à une rue de Paris où il avait fait construire un magnifique hôtel en 1767.

vivement que les blessures faites à son amour-propre. Aussi est-ce par forfanterie et sécheresse d'âme, plutôt que par vraie philosophie, qu'il a dit, en parlant de son exil : « Le premier jour j'étais piqué ; le second j'étais consolé. »

En 1774, Louis XVI rappela l'ancien ministre, et l'on fit à ce sujet un couplet dont le refrain, déjà vieux, visait alors plus le roi que son conseiller septuagénaire :

. . . .
Maurepas devient tout puissant,
V'la c'que c'est que d'être impuissant.

Le comte de Maurepas mourut en octobre 1781. Le fameux recueil manuscrit qui porte son nom est conservé à la Bibliothèque impériale. On en a publié tout récemment des extraits à Bruxelles.

NOTE III

Voir l'*Appendice*, section 1re, chap. 2.

NOTE IV

Orry (Philbert), comte de Vignory, contrôleur général des finances, conseiller d'État et au conseil royal. Il avait d'abord été capitaine de dragons avant

d'être contrôleur général. C'est à ce changement de
carrière qu'il est fait allusion dans un des couplets du
Testament du cardinal de Fleury :

> Le conseil est bien composé,
> Je l'ay parfaitement formé.
> En mil ans personne, je pense,
> N'eut pris Orry pour la finance.
> Il est belte, dur et fripon,
> Mais au demeurant j'en répond.

Sur deux points au moins cette critique est sou-
verainement injuste, car Orry fut un ministre honnête et habile : il n'était pas prodigue des deniers de
l'État, voilà tout. Aussi sa brusquerie habituelle, bien
loin d'être atténuée par la flatterie, a été taxée de du
reté par ceux qui avaient essuyé ses refus. Non content de ne pas vider le Trésor, il le remplissait ; mais
à cet égard encore il a été en butte à la verve satirique de son temps, et l'on a dit ironiquement de lui
ce qu'il serait à désirer que l'on pût dire un jour
réellement de tous les ministres des finances :

> Orry, sans vous vexer, remplissant le trésor
> Vous apprendra qu'en France on voit le siècle d'or.

Il ne se maria pas et demeurait avec son frère, rue
Saint-Antoine, à l'hôtel de Beauvais.

Ce dernier, connu sous le nom d'Orry de Fulvi,
était aussi conseiller d'État, intendant des finances,
et de plus directeur de la Compagnie des Indes. On
lit dans le *Journal de Barbier* qu'en février 1739,

dans une seule nuit, M. Orry de Fulvi perdit..., chez Mᵐᵉ *   , au biribi, jeu défendu, une somme considérable de vingt mille louis ou quatre cent quatre-vingt mille livres. Cette folie pensa lui coûter sa place, et son frère ne crut pouvoir mieux faire pour la lui conserver que de demander sa révocation au cardinal de Fleury. L'affaire n'eut pas de suite.

Orry occupa le poste de contrôleur général des finances pendant quatorze ans. Il était protégé par le cardinal de Fleury. Quelque temps après la mort de son protecteur, en décembre 1745, il demanda à se retirer, parce qu'il ne se sentait plus soutenu par le roi. Il avait déplu à Mᵐᵉ de Pompadour, à laquelle il avait refusé une grâce, et elle cherchait à le faire renvoyer. Il eut pour successeur Machault et mourut en 1747. Un mauvais plaisant lui fit cette épitaphe :

> Cy gist le controlleur Orry.
> Quoy, belistres, tu pleures; oh! ris.

---

* Le nom est ainsi en blanc dans le manuscrit. Barbier ajoute que cette dame était la maîtresse du contrôleur général. Les quatre vers suivants peuvent mettre sur la voie de ce nom. Ils sont inédits et ne méritent d'être cités qu'à titre de renseignement :

1742
———
Février.

> Le tendre Orry est en Bavière
> Et voyage avec la Fulvi.
> Pour avoir trop couché sur *la fougère*,
> Il dit qu'il a gagné du mal au v...

NOTE V.

Zaga-Christ, célèbre aventurier, qui se disait roi d'Éthiopie. Il vint à Paris sur la fin du règne de Louis XIII, et trouvait dans la galanterie, pour laquelle il avait de grands talents, les revenus que ne lui fournissaient pas ses sujets. Certain mari, conseiller au parlement, qui ne s'accommodait ni de son déshonneur ni de la dilapidation de sa fortune, obtint prise de corps contre le prétendu roi. Tel était alors le prestige de la royauté qu'en interrogeant Zaga-Christ, le lieutenant criminel « garda, » dit Vanel, auteur des *Galanteries de la cour de France*, « toutes les bienséances duës à la Majesté de son caractère, l'accusé ayant toujours demeuré assis et couvert, pendant que le Juge était debout et decouvert. »

Cependant le monarque des Abyssins, convaincu de rapt, n'était pas sans inquiétude sur l'issue de son procès. Il mourut sur ces entrefaites, en 1638, dans un état d'épuisement complet. On l'a soupçonné d'avoir abrégé ses jours par le poison; mais le chagrin de se voir prisonnier et les excès auxquels il s'était livré jusque-là expliquent suffisamment sa mort. On fit à son sujet l'épitaphe suivante :

> Ci-gît du roi d'Ethiopie
> L'original ou la copie.
> Le fut-il ? ne le fut-il pas ?
> La mort a fini les débats.

Comme pour démentir la fin de cette épitaphe,

une célèbre ambassade vint de la part de ses sujets,
dit encore Vanel, réclamer le corps de celui dont ils
ne pouvaient plus avoir la personne.

NOTE VI

Hérault (René), lieutenant général de police de Paris,
fils de Louis Hérault, receveur général des finances
de Caèn. Ses contemporains le donnent comme un :

> Ministre d'injustice
> Très-fin et très-rusé,
> Furieux par caprice,
> Rampant avec fierté.

Il recouvrait tout cela d'un semblant de religion.
Son domicile était rue Sainte-Avoye, à l'hôtel de
Beauvilliers, et il se montrait un des bons paroissiens
de Nic. Parquet, curé de Saint-Nicolas-des-Champs.

Il fut marié deux fois, mais il n'eut peut-être pas
lieu de s'applaudir de sa seconde union.

Si l'on consulte, en janvier 1740, le journal de
Barbier, on lit en effet que M. Hérault était toujours
mal et changé comme un homme qui n'en pouvait
pas revenir. Ce chroniqueur ajoute : « Il y a divers
bruits sur le sujet de sa maladie, qui dure déjà depuis longtemps. Les uns disent que c'est jalousie de
sa femme, qui est une des jolies femmes de Paris,
sur le compte de qui on a mis M. le duc de Boufflers, depuis M. le duc de Durfort. Ce lieutenant de
police n'a pas osé murmurer, il n'auroit pas manqué

d'être chansonné. D'autres disent qu'il y a de la malignité dans sa maladie*, et que les médecins n'ont pas osé l'en avertir, crainte de lui donner des soupçons sur la conduite de sa femme, que l'on excuse, cependant, en disant qu'elle peut avoir cet accident de naissance, étant fille de M. Moreau de Séchelles, intendant de Maubeuge, lequel, au vu et au su de Paris, a été traité aux Invalides, il y a nombre d'années, et y a même pensé périr. »

Il subsiste enfin une dernière version qui, sans exclure aucune des causes précédentes, le fait mourir d'hydropisie. Elle a donné lieu à cette épitaphe :

> Cy gist monsieur Hérault qui, près de cinquante ans,
> Finit ses jours d'hydropisie;
> Si l'on mouroit d'hypocrisie
> Il n'eût pas vécu si longtems.

NOTE VII

Voir l'*Appendice*, section 11, chap. 1, § 5, et la lettre X, page 19, ligne 26.

* La même opinion est aussi exprimée dans les vers suivants, qui datent de la même année :

1740.

> Herode et Monsieur Hérault
> Furent de fieffés maraults,
> Voilà la ressemblance.
> L'un par les vers fut mangé,
> Le virus l'autre a rongé,
> Voilà la différence.

Ils sont accompagnés de cette note : « Herode fut mangé des vers tout en vie. M. Hérault meurt, dit-on, d'vne vérole cristaline. »

* *
*

C'était Jeanne-Geneviève de Boufflers, qui était alors supérieure de l'Institut de Saint-Louis, appelé aussi Institut Royal de Saint-Cyr. Les jeunes filles n'étaient admises comme pensionnaires dans l'établissement, fondé par Mme de Maintenon, qu'après avoir fait preuve de noblesse et de pauvreté tout à la fois. Les d'Hozier certifiaient la noblesse; l'évêque et l'intendant de la province attestaient la pauvreté.

Une des filles de Charles de Buonaparte, Marie-Anne, née à Ajaccio le 3 juin 1777, fut nommée à une place à Saint-Cyr le 24 novembre 1782 et y entra le 22 juin 1784. Elle y resta jusqu'à la Révolution. Quand un décret de la Convention eut ordonné la suppression de l'Institut de Saint-Louis, Napoléon vint lui-même chercher sa sœur*, le 1er septembre 1792, pour la conduire à Ajaccio auprès de sa mère. En vertu de ce décret elle reçut une indemnité de route de 352 livres, calculée à raison de 20 sols par lieue.

* *
*

La duchesse de Villars était fille du maréchal de Noailles. D'abord dame du Palais, elle devint ensuite dame d'atour de la reine en 1742. A cette occasion on lit ce qui suit dans le journal de l'avocat Barbier: « La duchesse de Villars a infiniment d'esprit; elle s'est mise depuis deux ou trois ans dans la dévotion

---

* Cette sœur de Napoléon Ier est généralement connue sous le nom d'Élisa. Elle épousa Félix Bacciocchi, descendant d'une famille noble de la Corse.

avec Mme la princesse d'Armagnac sa sœur. Elle étoit auparavant comme toutes les femmes de Cour. »

NOTE VIII

Voir l'*Appendice*, section 1, chap. 3.

NOTE IX

Auvigny (Jean du Castre d'), littérateur et historien, né à Maubeuge, ville du Hainaut. Après la mort d'un oncle qui avait pris soin de son éducation, il vint à Paris en 1728 et demeura pendant quelques années avec l'abbé Desfontaines, auquel il avait été recommandé*. Cet écrivain lui ayant trouvé de l'esprit, du talent et beaucoup d'application au travail, l'aida à cultiver ces dispositions et collabora avec lui pour l'*Histoire de la ville de Paris jusqu'en* 1730. Paris, 1735, 5 vol. in-12. La moitié du 4e vol. et tout le 5e sont dus à la Barre. Desfontaines revit aussi les *Mémoires de Mme de Barneveldt*, qui contiennent des portraits satiriques.

* Desfontaines est l'auteur des célèbres pamphlets que le comte d'Argenson força cet abbé à rétracter par écrit. Comme il essayait d'excuser leur violence par la nécessité où il était de vivre : « Je n'en vois pas la nécessité, » répondit durement d'Argenson, qui d'ordinaire était plein de bienveillance pour les gens de lettres.

Dans sa courte carrière d'Auvigny a encore publié plusieurs autres ouvrages, parmi lesquels figurent *Les Vies des hommes illustres de la France*, dont il n'a composé que les douze premiers volumes. Quatre ont paru après sa mort. L'ouvrage a été continué par l'abbé Perrau et, à partir du vingt-quatrième volume, par Turpin. « Peu d'écrivains, dit son frère dans l'*Avertissement* du 9ᵉ volume, ont eu plus de facilité et de talent pour écrire l'histoire..... Sa mémoire étoit prodigieuse et son imagination d'une vivacité extraordinaire, jointe à beaucoup de pénétration d'esprit... Peut-être aimoit-il un peu trop les ornements du style et les agréments de la narration, et il semble les avoir quelquefois préférés à l'exactitude de la grammaire, trop vif et trop hardi dans ses pensées pour s'y assujétir scrupuleusement.» D'autres causes l'ont aussi fait fléchir dans l'exacte exposition des faits : c'est d'Auvigny lui-même qui l'a avoué en termes qui n'admettent pas le doute. A la suite de son différend avec d'Hozier il partit pour aller s'instruire à la guerre des notions indispensables à un historien : il voulait, dit Turpin, « être comme César, écrivain et guerrier. » Ambition exagérée sans aucun doute, mais il servit du moins avec éclat dans les chevau-légers de la garde, « école de distinction et d'héroïsme. » Il fut tué en Franconie le 27 juin 1743, à la funeste bataille de Dettingen, où périt l'élite de la noblesse française, commandée par le maréchal de Noailles.

D'Auvigny laissa une veuve et deux fils en bas âge. Il était beau-frère de l'inimitable acteur comique Pierre-Louis Dubus, dit Préville.

NOTE X

Barjac, valet de chambre du cardinal de Fleury, avait une grande influence sur son maître, qu'il savait flatter adroitement ; aussi s'adressait-on d'abord à lui, afin d'être bien accueilli par le premier ministre. Les ambassadeurs eux-mêmes ne dédaignaient pas cet utile intermédiaire. « Le valet d'un homme puissant est plus puissant que lui ; Barjac l'était sans le faire sentir, écrit Bois-Jourdain dans ses *Mélanges historiques*. Il s'étudiait à faire des choses agréables à son maître ; il était le ministre de ses plaisirs ; et comme il connaissait parfaitement les faibles et les travers de l'éminence, il se conduisait en conséquence*. »

Il avait fait graver, à ses frais, par Drevet, une estampe qui représentait Diogène appuyant la main sur le portrait du cardinal de Fleury. Le philosophe, en quête d'un homme, avait trouvé ce qu'il cherchait : il ne lui restait plus qu'à souffler sa lanterne.

Tant que le cardinal vécut, on rechercha vivement cette gravure, et Barjac ne la donnait pas à tout le monde. A la date de 1739, on trouve une « Epître adressée au sieur Barjac pour lui demander l'estampe

---

* Au mois de mai 1739, il parut une chanson causée par une indiscrétion d'alcôve qu'on ne peut attribuer qu'à Barjac. Elle est citée dans Bois-Jourdain et a pour titre : *Le Siècle d'or, ou le signe de santé de M. le cardinal de Fleury.* Barbier parle aussi de ce signe de virilité ; mais, vu l'âge du cardinal, il ne paraît pas y croire.

de M. le cardinal de Fleury. » Plus tard, après la mort du ministre, elle a donné lieu au rondeau suivant, qui ne part pas d'un ami du cardinal :

1745
Janvier

Tu l'as trouvé l'homme que dans Athène
Jadis chercha vainement Diogène ;
Il le chercha voirement tout de bon,
De ruë en ruë, et lampe en main, dit-on.
Et toute fois sa recherche fut vaine.
Sans tant de soin, *cher Autrot*, ny de peine,
Le long des bords qu'arrose notre Seine,
En une nuit, crû comme un champignon,
   Tu l'as trouvé.
Si ce Phœnix doit avoir teste pleine
De sens exquis, de raison plus qu'humaine,
Ta découverte est œuvre de Gascon* ;
Mais s'il se peut que ce soit un démon,
Qui par hazard auroit brisé sa chaîne,
   Tu l'as trouvé.

C'est encore Barjac, ainsi que le raconte Bois-Jourdain, « qui, peu de tems avant la mort de ce cardinal, qui avait... quatre-vingt-dix ans alors**, eut la galanterie très-recherchée de le faire souper, un jour des Rois, avec douze convives de la cour, en

---

* Barjac était du Midi.

**   *Extrait de baptême du cardinal de Fleury.*

« Du 4 Juillet 1653 a été baptisé Hercules de Fleury, fils de noble Jean de Fleury, Sieur de Dyé, et de Dame Diane de la Treilhe. Son parain a été noble Hercules de Theran, baron de St-Genies, et la maraine Demoiselle Françoise de Soubes. Naquit le 22 juin 1653, (signé) Fabre, curé de Lodève. » Son acte de décès porte deux prénoms : « André-Hercules. »

hommes et femmes, tous plus âgés que lui; en sorte que, comme le plus jeune, il fut obligé de tirer le gâteau. Avec une adulation aussi fine et aussi soutenue, Barjac ne pouvait manquer d'être très-avant dans la faveur du cardinal. Il était le canal de toutes les grâces, principalement de finance, dont une partie réfluait sur lui, en sorte qu'il se trouva puissamment riche à la mort de son protecteur. » Il jouissait de plus de soixante mille livres de rente.

Le cardinal mourut à Issy, le 29 janvier 1743, dans la maison des Sulpiciens, résidence agrandie et transformée de Marguerite de Valois, femme divorcée d'Henri IV. On fit entre autres cette épitaphe au ministre :

1743
Février.

Sans richesse et sans éclat,
Se bornant au pouvoir suprême,
Il n'a vécu que pour luy-même,
Et meurt pour le bien de l'État.

Déjà son administration avait été vivement critiquée, et voici comment on l'avait caractérisée de son vivant :

1740
Sur l'air de Joconde. Novembre

Richelieu, Mazarin, Fleury,
Ministres empyriques,
De plusieurs maux nous ont guéry
Par diuerses pratiques.
Richelieu saignoit, Manchini
Purgeoit à toute outrance,
A la diète celuy-cy
Borne son ordonnance

Cette première épigramme a été traduite et donnée en prose par le marquis d'Argenson. La suivánte proclame le crédit de Barjac ; elle est imitée d'un mot de Thémistocle, à propos de son fils.

1742
Septembre

Louis du royaume est le Maistre,
 Mais il est le sujet d'un Prestre.
Ce Prestre de Barjac est tres-humble valet.
Barjac est à son tour subjugué par Marquet *.
Ce Marquet, grand fripon, vray gibier de Bicestre,
Par Moine ou par P..... est subjugué peut-être,
 Donc, par cette gradation,
 Moine ou P..... régit la nation.

Le recueil inédit dans lequel se trouvent ces épigrammes existe à la bibliothèque de l'Arsenal**. On y lit aussi un *Dialogue entre l'ombre du cardinal de Fleury et Barjac, son valet de chambre*. Le cardinal y parle à Barjac en ami plutôt qu'en maître : il l'interroge sur les affaires présentes et celui-ci lui répond familièrement comme par le passé.

« Malgré tant de raisons pour faire l'insolent, Barjac ne l'était pas, dit l'annotateur de Bois-Jourdain : il traitait avec assez d'honnêteté ceux qui avaient à lui parler ; ce qu'on ne peut pas également dire de tous les valets des grands. »

NOTE XI

Châtillon (Alexis-Madeleine-Rosalie, duc de), né en

---

 * Le cardinal l'avait fait entrer dans les sous-fermes : il était intéressé dans les fourrages.
 ** On les trouve également dans le *Recueil Maurepas*, mais avec quelques variantes.

1690, mort en 1754. Il était lieutenant général des armées de Sa Majesté, chevalier des ordres du Roi, etc.

En 1735, on le nomma gouverneur du Dauphin, fils de Louis XV, et il fut créé duc et pair l'année suivante. « Il fut disgracié parce qu'il conduisit à Metz, lors de la maladie du Roy, ce prince malgré la Reyne, qui étoit d'avis qu'il n'y fût point; et comme il croyoit que le Roy étoit mort, ainsi que tout Paris, il eut l'imprudence de luy donner quelques avis sur ce que ce prince devoit faire dans la conjoncture présente. » (*Rec. Maurepas.*)

Il lui parla aussi de la duchesse de Châteauroux, maîtresse du roi, qui venait d'être chassée de la ville par ordre de Louis XV, devenu repentant (août 1744). Dans une pièce de vers, on fait ainsi parler la duchesse :

Chastillon au Dauphin des plus noires couleurs
Depeint adroitement mes plaisirs, mes malheurs;
Mais la santé du Roy se trouvant rétablie....,

elle fit disgracier « ce seigneur au retour du Roy à Versailles : * »

Chastillon par l'exil perd son gouvernement **,
Et c'est le premier trait de son ressentiment.
A la femme à l'instant on ôte aussi la place.

---

* La duchesse de Châteauroux est décédée à Paris, rue du Bac, le 8 décembre 1744, avant de s'être complétement réconciliée avec le roi, qui lui avait mandé, le 25 novembre, « par M. de Maurepas, qu'il étoit bien fâché de tout ce qui s'étoit passé à Metz. » Elle avait longtemps aimé le duc d'Agenois, neveu du duc de Richelieu.

** De la personne du Dauphin.

« Le 10 novembre 1744, le comte de La Luzerne, chef de brigade des gardes du roi, notifia à M. le duc de Châtillon, gouverneur de M. le Dauphin, un ordre du roi pour se retirer sur le champ et se rendre à ses terres en Poitou, et n'obtint que vingt-quatre heures pour se disposer à cet exil, que madame de Châtillon, qui en était la cause, alla partager avec lui en vertu de pareil ordre. — Ce n'est pas que le duc n'en eût assez fait pour le mériter depuis la nouvelle de la maladie du roi; mais le roi l'avait pardonné. C'est la lettre médisante sur le compte de madame de Châteauroux, écrite par la duchesse de Châtillon à la reine d'Espagne, et qui est revenue au roi, qui s'en est tenu offensé, qui leur a occasionné cette disgrâce. » (*Mél. de Bois-Jourdain.*)

Le duc de Richelieu, conseiller intime de Mme de Châteauroux*, qu'il avait honteusement poussée dans les bras du roi pour s'en faire un instrument de pouvoir, contribua aussi à cette disgrâce, à propos de laquelle on trouve la pièce de vers suivante dans le *Recueil Maurepas*.

LETTRE DE M. LE DUC DE CHATILLON

A M. le duc de Richelieu (Vignerod)

SUR SON EXIL.

1744
Décembre.

Par votre humeur le monde est gouverné :
Vos volontés font le calme et l'orage;

---

* Dans ses lettres, conservées à la bibliothèque de Rouen elle l'appelle « cher oncle ».

Vous vous riez de me voir confiné,
Loin de la cour, dans un simple village :
Alcimedon, mes desirs sont contens,
Je trouve beau le desert que j'habite,
Et je vois bien qu'il faut ceder au tems,
Fuir le monde et devenir hermite.
Je suis heureux de vieillir sans employ,
D'estre oublié, de vivre tout pour moy,
D'avoir dompté la crainte et l'espérance ;
Et si le ciel qui me traite si bien
Avoit pitié de vous et de la France,
Votre bonheur seroit égal au mien.

André Duchesne a fait paraître, en 1621, l'histoire de la maison de Chastillon-sur-Marne. Cette ancienne famille, aujourd'hui éteinte en la personne de la duchesse d'Uzès, comptait six alliances avec la maison royale de France, une avec la maison d'Autriche et une autre avec celle de Jérusalem.

NOTE XII

Argenson (Marc-Pierre Voyer, comte d'), second fils du célèbre lieutenant de police, naquit à Paris le 16 août 1696, et fut élevé, avec son frère le marquis, au collége de Louis-le-Grand, ancien collége de Clermont, où ils eurent Voltaire pour condisciple.

Son père lui transmit la lieutenance de police au mois de janvier 1720, mais il ne conserva pas long-temps cette place, à cause de son opposition au système de Law.

En mars 1737, d'Aguesseau, à qui les sceaux venaient d'être rendus, le choisit pour directeur de la librairie. Ses nouvelles fonctions le mirent en rapport avec le cardinal de Fleury, qui apprécia ses talents et le fit nommer, à la fin de 1738, président du grand conseil. La chanson du *Testament du cardinal* en parle ainsi et relate ce fait :

> J'ay mis au conseil d'Argenson ;
> C'est vn fort aimable garçon :
> Propos de table et de ruelle,
> Il jaze de tout à merveille.
> Prenez le, Sire, en attendant,
> Pour vos petits appartements.

L'observation est aussi superficielle et insuffisante que les rimes.

Il devint ensuite ministre de la guerre en janvier 1743, et son frère ministre des affaires étrangères l'année d'après. Ce dernier avait été intendant du Hainaut et du Cambrésis en 1720, et pendant quatre ans il avait en cette qualité résidé à Valenciennes et à Maubeuge.

Quand ils furent réunis, on confondait souvent les deux frères l'un avec l'autre, tant ils se ressemblaient par les traits, la taille et la démarche. Dans une des lettres de d'Hozier et par la réponse du comte d'Argenson on voit, de plus, que cette ressemblance se poursuivait jusque dans la signature, au point de tromper, au premier abord, les plus experts. Mais leurs habitudes étaient tout à fait différentes : le marquis aimait l'étude et se plaisait dans le recueillement; le comte, au contraire, s'appliquait peu aux travaux de cabinet et leur préférait la vie animée de la cour, à laquelle le rendaient merveilleusement propre sa conception vive, son esprit et les charmes de sa conversation. Aussi l'un a-t-il beaucoup écrit, tandis que l'autre n'a rien laissé. Bien avant d'être ministre, ce dernier n'écrivait même pas toujours ses lettres les plus intimes. A ce propos, le marquis d'Argenson raconte dans ses Mémoires l'anecdote suivante : « Mon frère ayant fait un voyage en Touraine, fit une connaissance particulière et intime avec une demoiselle de cette province. De retour à Paris, il en reçut des lettres galantes auxquelles, par honnêteté, il devait des réponses. Il chargea Moncrif de les faire, et celui-ci s'en acquitta en digne fils de Mme Paradis*, et lui épargna même la peine de les copier; mais ce qu'il y a de plus plaisant à la suite de cette correspondance, c'est que mon frère étant devenu ministre, et cette demoiselle ayant passé de l'état de fille à celui de femme, elle eut occasion d'écrire pour quelque affaire à son ancien amant, et fut bien étonnée de ne trouver dans les réponses de mon frère ni l'ancien style de ses lettres, qu'elle avait conservées, ni même son écriture : elle put apprendre ainsi que les ministres et ceux qui sont destinés à le devenir ne font pas toujours par eux-mêmes ce qui leur fait le plus d'honneur. »

Dès qu'il fut ministre de la guerre, le comte

---

* Le vrai nom de l'écrivain Moncrif est Paradis. Il était fils d'un procureur de ce nom. Après la mort de son mari, Mme Paradis se consacra au genre épistolaire : elle faisait la correspondance des dames de la cour, et « avec de l'esprit, de la lecture, un style agréable et du manége, elle se procura un assez joli revenu. » Ainsi les autographes eux-mêmes peuvent tromper sur la valeur littéraire de ceux qui les ont écrits. N'admirons donc qu'à bon escient.

d'Argenson s'occupa activement de tout ce qui pouvait assurer le succès de nos armes, et les revers se changèrent bientôt en triomphes à la journée de Fontenoy, où le roi se montra en personne, accompagné des deux frères d'Argenson. Pendant la paix, il répara les places fortes et fonda l'École Militaire. C'est encore à ce ministre, formé à l'étude des lois sous d'Aguesseau, qu'on doit la rédaction de l'édit du 1er novembre 1750, enregistré à la Chambre des Comptes le 11 janvier 1751, par lequel fut réglée l'institution fort applaudie d'une noblesse héréditaire, acquise de droit : 1º à tous ceux qui étaient alors parvenus ou parviendraient au grade d'officiers généraux, et 2º à tout capitaine, né en légitime mariage, dont le père et l'aïeul, ayant déjà acquis ce grade, seraient morts au service ou, après l'avoir quitté, auraient obtenu, leur vie durant, l'exemption de la taille; pourvu toutefois que ledit capitaine eût servi lui-même, comme eux, pendant tout le temps voulu, et qu'il eût aussi été créé chevalier de l'ordre royal et militaire de Saint-Louis.

Cet édit prononçait encore l'exemption de la taille pour les officiers inférieurs en activité de service, et assurait, en outre, le même privilége à ceux d'entre eux qui se retiraient après être devenus capitaines et chevaliers de l'ordre de Saint-Louis, soit que ces derniers eussent trente ans de services non interrompus, dont vingt avec la commission de capitaine *, soit qu'ils fussent obligés de quitter le service

---

* Ces vingt années de commission de capitaine étaient réduites à dix-huit pour ceux qui avaient eu la commission de lieutenant-colonel, à seize pour ceux qui avaient eu celle de colonel, et à

avant ce temps à cause de leurs blessures. Mais la faveur dont ils jouissaient n'impliquait pas la noblesse, vers laquelle cet état intermédiaire n'était qu'un premier ou second acheminement. Dans les grades inférieurs à celui de maréchal de camp, la noblesse n'était, en effet, pleinement acquise, comme on l'a vu, qu'au troisième titulaire. Elle passait alors aux enfants légitimes, même quand l'officier qui remplissait ce troisième degré mourait sans être chevalier de Saint-Louis et sans avoir accompli le temps prescrit. Il suffisait que cet officier fût en activité de service au moment de sa mort. La noblesse passait aussi à ceux des enfants qui étaient nés avant que le père fût devenu noble.

« Cet écrit, dit Barbier, est fort bien dressé ; on voit bien qu'il part de M. le comte d'Argenson, ministre de la guerre, homme de qualité et de très-ancienne noblesse militaire, qui étoit anciennement la seule voie pour l'acquérir*. Il paroissoit ridicule que le

---

quatorze pour ceux qui avaient eu le grade de brigadier ou général de brigade. Ce dernier grade s'est confondu dans la suite avec celui de maréchal de camp.

* Dans son *Abrégé chronologique de l'Histoire de France jusqu'à la mort de Louis XIV*, le président Hénault s'exprime ainsi : « Tous les *hommes d'armes* étoient gentils-hommes du temps de Louis XII (1498-1515), c'est-à-dire tous ceux qui composoient les compagnies d'ordonnance ; mais il ne faut pas entendre par les gentilshommes d'alors les gentils-hommes issus de race noble ; il suffisoit, pour être réputé tel, qu'un homme né dans le tiers-état fît uniquement profession des armes, sans exercer aucun autre emploi ; il suffisoit, à plus forte raison, que cet homme, né dans le tiers-état, eût acquis un fief noble qu'il *desservoit par service compétent*, c'est-à-dire qu'il suivît son seigneur en guerre, pour être réputé gentilhomme. Ainsi donc alors on s'annoblissoit soi-même, et on n'avoit besoin

fils d'un lieutenant général des armées du Roi fût imposé à la taille dans les provinces, ou que le colonel-capitaine qui avoit passé toute sa vie à la guerre et qui se retiroit âgé fût à la merci d'un paysan dans les rôles des tailles, ce qui arrivoit tous les jours, tandis que les enfants d'un secrétaire du Roi* et même de magistrats, souvent d'une naissance fort obscure dans le peuple, ont la pleine noblesse qui n'a d'autre titre que l'argent que leur père a or-

ni de lettres du prince, ni de posséder des offices pour obtenir la noblesse. Un homme extrait de race noble, et le premier noble de sa race, s'appelloient également gentilshommes, avec cette différence que le noble de race s'appelloit gentilhomme *de nom* et *d'armes*, au lieu que le premier noble de race s'appelloit seulement gentilhomme (Du Cange). Cette noblesse, ainsi entendue, subsista en France jusqu'au règne de Henri III et de Henri IV. Alors la noblesse acquise par la possession des fiefs, et celle acquise par la profession des armes, *cessa d'être noblesse* : l'article 258 de la (seconde) ordonnance de Blois (rendue en 1759) supprima la noblesse acquise par les fiefs, et (l'article 25 de) l'édit de Henri IV (mars 1600, portant réglement sur le fait des tailles) supprima celle acquise par les armes. (La profession des armes n'était même pas « censée avoir anno- « bli parfaitement la *personne* de ceux qui ne l'avoient exer- « cée que depuis l'an 1563, c'est-à-dire depuis l'époque des « guerres de religion en France ».) Depuis ce temps, le gentil- homme n'est plus celui qui a servi à la guerre ni qui a acquis des fiefs nobles, mais celui qui est extrait de race noble ou qui a eu des lettres d'annoblissement, ou enfin qui possède un office auquel la noblesse soit attachée. »

* Dans son libelle intitulé : *Liste des noms des ci-devant Nobles de race, Robins, prélats, financiers, intrigants, et de tous les aspirants à la noblesse ou escrocs d'icelle, avec des notes sur leurs familles*, Dulaure a pris pour épigraphe la phrase suivante :

« Si notre père Adam avait recherché une charge de secré- taire du Roi, nous serions tous nobles. »

dinairement très-mal acquis, et qu'il a employé à une charge *. »

En février 1757, Mme de Pompadour réussit à faire disgracier le comte d'Argenson, dont elle redoutait l'influence sur le roi. De tous ses ministres, c'est celui pour lequel, en effet, Louis XV avait montré le goût le plus vif et le plus constant. « Il savait, dit Lacretelle, plaire sans s'avilir et cacher des pensées hautes sous des formes légères. » Il se retira dans son château des Ormes, en Poitou, mais les infirmités et l'ennui l'assaillirent dans sa retraite.

* En parlant de la noblesse de France, Vauban avait aussi blâmé l'état de choses existant sous Louis XIV : « Dans les siècles un peu reculés, dit-il, la noblesse étoit... la récompense de la valeur et du sang répandu pour le service de l'Etat... Il n'est plus question de tout cela. Ce qui feroit la juste récompense des grandes actions et du sang versé pendant plusieurs années de services se donne présentement pour de l'argent... C'est pourquoi les secrétaires, les intendants, les trésoriers, commissaires des guerres, receveurs des tailles, élus, gens d'affaires de toute espèce, commis, sous-commis de ministres et secrétaires d'État, même leurs domestiques, et autres gens de pareille étoffe, obtiendront plus facilement la noblesse que le plus brave et honnête homme du monde qui n'aura pas de quoi la payer... Les charges de secrétaire du roi, qui sont encore d'ordinaire au plus offrant et dernier enchérisseur, sont des moyens sûrs pour y parvenir ; il n'y a qu'à en acheter une pour être noble comme le roi, et quiconque a de l'argent en peut acheter une : il ne faut que s'y présenter... Tout homme qui par son industrie aura trouvé moyen d'amasser du bien, n'importe comment, trouvera à coup sûr celui d'anoblir ces larcins par l'achat d'une de ces charges... Il y a même je ne sais combien de charges de robe et de finance dans le royaume qui anoblissent ; mais comment le dirai-je ? pas une seule de guerre, pas même, je crois, celle de maréchal de France ; chose étonnante, s'il en fut jamais, vu les fins pour lesquelles la noblesse a été créée, qui sont toutes militaires, et pour cause de services rendus à la guerre, qu'il faut prouver pour en obtenir les lettres... »

Après la mort de la marquise de Pompadour, il obtint de revenir à Paris et y mourut peu de temps
après, le 22 août 1764 *. Il était grand-croix de l'ordre
de Saint-Louis, dont Henri Daguesseau, père du chancelier, avait rédigé l'édit et fait tous les règlements.

NOTE XIII

Jean Cousturier, sixième supérieur général de Saint-
Sulpice, était grand ami du cardinal de Fleury. « Sans
être le confesseur en titre ** du ministre souverain, il
dirigeait en grand sa conscience, dit Bois-Jourdain, et
sans avoir la feuille des bénéfices, était à la tête de
toutes les affaires ecclésiastiques. Ce personnage
grossier, sans éducation, sous un air de balourdise,
avait eu assez de dextérité pour manier l'esprit de
son pénitent, l'assouplir, et se rendre sous lui le
distributeur des graces de l'Église. La tête couverte
d'un vaste chapeau dont les bords rabattus ombra-
geaient ses larges épaules, en rabat blanc, en robe de
bure, il voyait son antichambre remplie des plus
grands seigneurs du royaume. Sa maison était deve-
nue la pépinière de tous les abbés de qualité aspirant

* Son acte de décès est ainsi conçu : « Ledit jour tres haut et
tres Puissant Seigneur Mgr Marc Pierre Devoyer de Paulmy,
comte d'Argenson..., decedé... en son hotel rue des Bons enfans,
a été presenté a Saint Eustache sa paroisse, et transporté en ca-
rosse par la permission de Mgr l'archevêque en l'Eglise de
Saint Nicolas du Chardonnet pour y etre Jnhumé au tombeau de
ses ancestres... » L'hôtel d'Argenson porte le n° 19 dans la rue
des Bons-Enfants, et le n° 10 dans la rue de Valois.

** Le confesseur du cardinal était Cassegrain, chanoine de
Chartres.

à la prélature ; et comme il était voué aux jésuites, il en avait fait le repaire du molinisme, c'est-à-dire qu'il avait donné la préférence à ceux qui la méritaient le moins, comme cela arrive toujours. »

D'après ce qui précède, il est facile de comprendre qu'on n'eut garde de l'oublier dans la chanson du *Testament*. Voici le couplet qui lui fut consacré :

> De peur que le clergé françois
> Ne revendie tous ses droits,
> A la rotture, à l'ignorance,
> Livrés les evechers de France,
> Et laissés faire à Couturier,
> Bon forgeron pour ce métier.

Le cardinal de Fleury, ajoute Barbier, « lui avoit même remis son portefeuille des bénéfices pour le remettre au Roi, comptant peut-être que le Roi le lui laisseroit ; c'est ce qui a fait parler de l'abbé Couturier. C'est un homme d'esprit et rusé, mais c'est trop cafard pour être un ministre en Cour, car c'est une place considérable. »

L'abbé Cousturier est mort à Paris le 31 mars 1770, « agé de quatre vingt un an et demie », moins quelques jours. Son portrait, peint après décès par J. S. Duplessis, a été gravé par P. Maleuvre.

NOTE XIV

Le comte d'Évreux était gouverneur et lieutenant général pour le roi de la province de l'Ile-de-France. Il demeurait Grand'Rue du Faubourg-Saint-Honoré. C'était le troisième fils du duc de Bouillon, Gode-

froi-Maurice de La Tour-d'Auvergne, et de Marie-
Anne Mancini. « Esprit turbulent et inquiet, dit
Barbier, le comte d'Évreux s'étoit mésallié en épou-
sant la fille de Croizat, receveur du clergé, d'abord
laquais, puis petit commis de Peneautier, trésorier
des États du Languedoc, afin de rétablir sa fortune
délabrée. Ce mariage fut peu heureux, si nous en
croyons Saint-Simon. »

Bois-Jourdain en parle aussi : il raconte que ce
grand seigneur laissa sa femme le soir même de ses
noces et qu'il garda la dot, à l'aide de laquelle il ac-
quit de grandes richesses dans le temps du système
de Law. Il vécut toujours séparé de sa femme; mais
plus tard il rendit la dot. Tout le monde fut surpris
du singulier procédé du comte à l'égard de sa
femme, qui était jeune, belle et bien élevée. Elle res-
sentit vivement cet affront et s'en vengea avec le
prince de Soubise, qui ne faisait aucune différence
entre un cas roturier et celui d'une reine. Elle mourut, jeune encore, après une mystérieuse aventure
dans laquelle, au grand regret de la dame, fut à
peine effleuré ce qu'on appelle l'honneur des maris.

Le prince Louis de La Tour-d'Auvergne, comte
d'Évreux, est mort le 20 janvier 1753, « agé de
soixante dix huit ans et demie ou environ. » Son
hôtel est devenu le Palais de l'Élysée.

FAUTES A CORRIGER

Page 8, ligne 27 — un volume... d'un seul, *lisez* : vn volume... d'vn seul.

Page 19, ligne 19 — qv'un, *lisez* : qu'vn.

Page 22, ligne 25 — un des secrétaires du roi, *lisez* : notaire royal.

Page 53, ligne 21 — dit Barbier, *lisez* : dit le *Journal de Police sous Louis XV*, 1742-1743, publié à la suite de celui de Barbier. (Edition Charpentier, 8 vol. in-18.)

Page 61, ligne 11 — Le duc de Chastillon, *lisez* : Le d. de Chastillon.

Page 72, ligne 32 — n'a pas été imprimé, *lisez* : n'a pas été non plus littéralement imprimé. *Ajoutez* : Les idées seules ont été utilisées et reproduites plus tard d'une façon moins agressive dans la préface même de l'*Armorial*.

Page 78, ligne 1 — ou les Extraits de Titres, *lisez* : ou Extraits de Titres.

Page 82, ligne 29 — contenues dans ces deux premiers volumes ont été, *lisez* : contenues dans les deux volumes du premier registre ont été.

Page 92, lignes 29 et 30 — Louis-Denis, *lisez* : Denis-Louis.

Page 95, ligne 16 — Juge d'armes, *lisez* : Juge d'Armes.

Page 102, ligne 22 — *après* : l'autre vers 1810, *ajoutez* : Il résulte d'une note, transmise par la famille, que l'avant-dernier juge d'armes de la noblesse de France est mort le 3 germinal an IX (24 mars 1801).

Page 113, ligne 25 — L'un, *lisez* : L'vn.

Page 118, ligne 32 — « André-Hercules » *lisez* : « andré hercules ».

Page 128, ligne 32 — ci-devant Nobles de race, Robins, *lisez* : ci-devant nobles, nobles de race, robins.

ACADÉMIE DES BIBLIOPHILES

*Société libre pour la publication à petit nombre
de livres rares ou curieux.*

———

MEMBRES DU CONSEIL

Année 1868-1869.

MM. Paul CHERON, de la Bibliothèque impériale ;
 Hippolyte COCHERIS, de la Bibliothèque Mazarine ;
 Jules COUSIN, de la Bibliothèque de l'Arsenal ;
 E -F. DELORE, de la Bibliothèque Sainte-Gene-
 viève ;
 ÉMILE GALLICHON, directeur de *la Gazette des
 Beaux Arts* ;
 Pierre JANNET, fondateur de la *Bibliothèque elzé-
 virienne* ;
 Louis LACOUR, de la Bibliothèque Sainte-Gene-
 viève ;
 Lorédan LARCHEY, de la Bibliothèque Mazarine ;
 Anatole DE MONTAIGLON, secrétaire de l'École des
 Chartes, ancien bibliothécaire à l'Arsenal.

———

ANCIENS MEMBRES DU CONSEIL

MM. Charles READ ; le baron Oscar DE WATTEVILLE.

———

Les séances du conseil ont lieu le second mardi de
chaque mois, à quatre heures et demie, au palais de
l'Institut, dans le cabinet de M. H. Cocheris.
MM. les membres actifs et libres sont admis aux séances.

COLLECTION DE LA COMPAGNIE

—

1. *De la Bibliomanie*, par Bollioud-Mermet, de l'Académie de Lyon. Publié par M. Paul Cheron. In-16 pot double de 84 pages. 160 exemplaires. 2ᵉ édition de la réimpression. . . . . 5 »

2. *Lettres à César*, par Salluste, traduction nouvelle par M. Victor Develay. In-32 carré de 68 p., 300 ex. 2 »

3. *La Seiziesme Joye de Mariage*, publiée pour la première fois. In-16 pot double de 32 p., 500 ex. 2 »

4. *Le Testament politique du duc Charles de Lorraine*, publié avec une étude bibliographique par M. Anatole de Montaiglon. In-18 jésus de 78 p., 210 ex. . 3 50

5. *Baisers de Jean Second*, traduction nouvelle, par M. Victor Develay. In-32 carré de 64 p., 500 ex. 2 »

6. *La Semonce des Coquus de Paris en may* 1535, publiée, d'après un manuscrit de la Bibliothèque de Soissons, par M. Anatole de Montaiglon. In-18 jésus de 20 p., 210 ex. . . . . 2 »

7. *Les Noms des Curieux de Paris*, avec leur adresse et la qualité de leur curiosité. 1673. Publié par M. Louis Lacour. In-18 raisin de 12 p., 140 ex. . . . 1 50

8. *Les Deux Testaments de Villon*, suivis du *Bancquet*

du Boys, publiés par M. Paul Lacroix. In-8 tellière de 120 p., 220 ex. . . . . 7 »

9. *Les Chapeaux de castor*. Un paragraphe de leur histoire. 1634. Publié par M. Louis Lacour. In-18 raisin de 8 p., 200 ex. . . . . 1 »

10 *Le Congrès des Femmes*, par Érasme, traduction nouvelle par M. Victor Develay. In-32 carré de 38 p., 312 ex. . . . . 1 »

11. *La Fille ennemie du mariage et repentante*, par Érasme, traduction nouvelle par M. Victor Develay. In-32 carré de 64 p., 312 ex. . . . . . . 2 »

12. *Saint Bernard*. Traité de l'Amour de Dieu. Publié par M. P. Jannet. In-8 tellière de 140 p., 313 ex. . 5 »

13. *Œuvres de Regnier*, reproduction textuelle des premières éditions. Préface et notes par M. L. Lacour. In-8 carré de 356 p., 525 ex. . . . . . . 20 »

14. *Le Mariage*, par Érasme, traduction nouvelle par M. Victor Develay. In-32 carré de 64 p., 312 ex. 2 »

15. *Le Comte de Clermont*, sa cour et ses maîtresses, par M. Jules Cousin. In-18 jésus, 2 vol. de 432 p., 412 ex. . . . . 10 »

16. *La Sorbonne et les Gazetiers*, par M. Jules Janin. In-32 carré de 64 p., 312 ex. . . . . . 2 »

17. *L'Empirique*, pamphlet historique. 1624. Réédité par M. Louis Lacour. In-18 jésus de 20 p., 200 ex. 2 »

18. *La Princesse de Guéménée dans le bain et le Duc de Choiseul*. Conversation rééditée par M. Louis Lacour. In-18 jésus de 16 p., 200 ex. . . . . . . 2 »

19. *Les Précieuses ridicules*, comédie de I. B. P. Molière. Reproduction textuelle de la première édition. Notes par M. Louis Lacour. In-18 raisin de 108 p., 422 ex. 5 »

20. *Les Rabelais de Huet*, par M. Baudement. In-16 de 68 p., 260 ex. . . . . 3 »

21. *Description naïve et sensible de Sainte-Cécile d'Alby*. Nouvelle édition, publiée par M. Eugène d'Auriac. In-16 de 64 p., 260 ex. . . . . 5 »

22. *Apocoloquintose*, facétie sur la mort de l'empereur Claude, par Sénèque, traduction nouvelle par M. Victor Develay. In-32 carré de 64 p., 512 ex. . . . 2 »

23. *Aline*, reine de Golconde, par Boufflers. Nouvelle édition, publiée par M. Victor Develay. In-32 carré de 64 p., 512 ex. . . . . 2 »

24. *Projet pour multiplier les Colléges des Filles*, par l'abbé de Saint-Pierre. Nouvelle édition, publiée par M. Victor Develay. In-32 carré de 40 p., 312 ex. 1 »

25. *Le Jeune Homme et la Fille de joie*, par Érasme, traduction nouvelle par M. Victor Develay. In-32 carré de 32 p., 312 ex. . . . . 1 »

26. *Le Comte de Clermont et sa cour*, par M. Sainte-Beuve, de l'Académie française. In-18 jésus de 88 p., 412 ex. . . . . 3 »

27. *Le Grand Écuyer et la Grande Écurie*, par Édouard de Barthélemy. In-18 jésus de XII-216 p., 200 ex. 6 »

28. *Les Bains de Bade au XVe siècle*, par Pogge, Florentin. Scène de mœurs, traduite pour la première fois en français par M. Antony Meray. In-16 raisin de 48 p., 420 ex. . . . . 3 »

29. *Éloge de Gresset*, par Robespierre, publié par M. D. Jouaust. In-8 carré de 64 p., 100 ex. . . . . . 5 »

30. *Amadis de Gaule. La Bibliothèque de Don Quichotte*, par M. Alphonse Pagès. In-18 raisin de 174 p., 412 ex. . . . . 5 »

31. *Réflexions* ou *Sentences et Maximes morales* de La Rochefoucauld. Reproduction textuelle de l'édition originale de 1678, préface par M. Louis Lacour. In-8 carré de 262 p., 525 ex. . . . . 20 »

32. *Essai sur l'histoire de la réunion du Dauphiné à la France*, par J. J. Guiffrey. Ouvrage couronné par l'Académie des Inscriptions et Belles-Lettres. In-8 carré de XVI-396 p., 525 ex. . . . . 15 »

33. *Distiques moraux* de Caton, traduction nouvelle par M. Victor Develay. In-32 carré de 80 p., 1 grav., 512 ex. . . . . 2 »

34. *Une Préface aux Annales de Tacite*, par Senac de Meilhan, publiée avec une introduction par M. Sainte-Beuve. In-18 raisin, 60 p., 420 ex. 3 50

35. *La Louange des Vieux Soudards*, par M. Louis Lacour. In-32 carré de 64 p., 300 ex. . . . 2 »

36. *Académie des Bibliophiles. Livret annuel : première année*, 1866-1867. In-8 carré de 16 p., 150 ex. 5 »
(Se donne à MM. les membres actifs et à MM. les membres libres inscrits.)

37. *Le Bréviaire du roi de Prusse*, par M. Jules Janin. 1 vol. in-32 de 72 p., 300 ex. . . . . . . 2 »

38. *L'Oublieux*, comédie en trois actes de Charles Perrault, de l'Académie françoise, auteur des *Contes des fées*, publiée pour la première fois par M. Hippolyte Lucas. In-18 raisin, 1 gravure, 132 p., 350 ex. 5 »

39. *Secrets magiques pour l'amour*, au nombre de octante et trois, publiés d'après un manuscrit de la bibliothèque de Paulmy par P. J., bibliomane. In-18 raisin, 128 p., 410 ex. . . . . 4 »

40. *Le Talmud*, étude par M. Deutsch, traduit de l'anglais sous les yeux de l'auteur. In-18, 116 p., fabriqué à Londres, 265 ex. . . . . 5 »

41. *Ligier Richier*, par Auguste Lepage. In-16, 36 p., 260 ex. . . . . 2 »

42. *Catalogue d'un libraire du XVᵉ siècle tenant boutique à Tours.* Publié par le docteur A. Chereau. In-16, 36 p., 300 ex. . . . . 3 »

43. *Rabelais*, publié par MM. A. de Montaiglon et Louis Lacour. 3 vol. in-8, 525 ex. . . . . 60 »

(Le 1er volume est en vente. Jusqu'à l'apparition du tome III on peut souscrire à l'ouvrage au prix de 15 fr. le volume.)

44. *Les Antiquitez de Castres*, de Pierre Borel, publiées par M. Ch. Pradel. In-18 jésus, 288 p., 210 ex. 10 »

45. *Les Satires du sieur N. Boileau Despréaux*, publiées par P. de Marescot. In-8 de 204 p, 310 ex. . 10 »

46. *Mémoires d'Audiger, limonadier à Paris.* XVIIe siècle. Recueillis par M. Louis Lacour. In-16 de 48 p., 420 ex. 2 75

47. *Le Duc d'Antin et Louis XIV, Rapports* sur l'administration des bâtiments, annotés par le roi. Publiés avec une préface, par J. J. Guiffrey. In-12 carré de 32 p., 230 ex. . . . . 3 »

48. *La Vache à Colas*, de Sedege, 114 p., 520 ex. 5 »

49. *Lettres inédites*, de L.-P. d'Hozier et de J. du Castre d'Auvigny, *sur l'Armorial et l'Hôtel Royal du Dépost de la Noblesse*, publiées par Jules Silhol avec notes, documents et plusieurs fac-simile. In-8 tellière de 144 p., 503 ex. . . . . 6 »

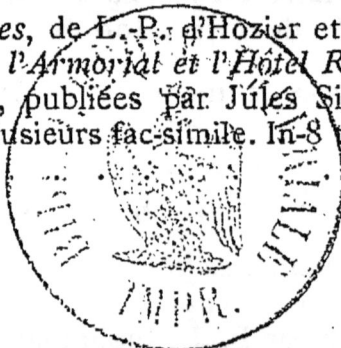

ACADÉMIE DES BIBLIOPHILES

Des Presses Parisiennes
DE
D. JOUAUST
M DCCC LXIX

le 23 Janv 1744

Je crois Monsieur que vous ne désapprouverez pas que j'aye fait encore une tentative auprès de M. le Cardinal de fleury en lui écrivant une nouvelle lettre qui doit lui être remise aujourd'hui par M. Barjac. je lui repose en peu de mots ma petition qui me rendroit presque hypocondre si je ne comptois sur vos bontés. aussi véritablement que je... fait, je n'ai que la décision, dans le cas où je n'aquierrois ce repos et de santé qu'assure que son Eminence la nature. M. d'Auvergne vous rendra compte du reste de Ma façon plaintive.

J'ai l'honneur d'être avec autant de reconnaissance que de respect Monsieur Votre très humble et très obéissant serviteur

Monsieur

En Supliant M. vôtre frere de vous parler de moi,
je n'ai point eu dessein de vous importuner de mes
plaintes, je n'en nai fait aucunes, malgré tout ce que
je souffre de la calomnie. Je Suis Sincerement attaché
a vôtre personne, ainsi que tous les gens de lettres, et
j'aurois une vraie douleur, que des discours faux et
injurieux me privassent de l'honneur de vous faire
ma cour, comme les autres auteurs, il ne m'arrivera
pas de vous parler de M. Zynier, et je ne Serai occupé
que du Soin de vous temoigner la Sincerité du
profond respect avec lequel j'ai l'honneur d'être

Monsieur   Vôtre tres humble et tres
                                     obeissant Serviteur
à Senf ce 1. aôut 1740   D'auvigny.

A marly 15 fev 1740

Monsieur

Je scais que S.E est bien intentionée
pour faire plaisir a mr dhosiers
le voila en chemin par le prier quon
Soit luy faire cela le maitra a son
aise, il faut quil continue
de vair et Soliciter mr Lemaurepas
et mr dargenson, vien le mieux
que ses 2 messieurs, Je nesais pas
ceque vous voulez que Je fasse
les, Soyez persuadé monsieur
de ma bonne volonté et demon
vachement

Barjac

(La lettre du Comte de Maurepas est de la main d'un secrétaire).

Maurepas

(Il en est de même de celle du Duc de Châtillon).

A. D. de Châtillon

(Note écrite par le Comte d'Argenson sur la lettre du Duc de Châtillon?)

J'ay vendu compte de toute cette affaire
à Mr. de ~~son~~ Châtillon le 29 may 1740
D'A

LVMIERE
ENCORE
PLVS DE
1866

www.ingramcontent.com/pod-product-compliance
Lightning Source LLC
Chambersburg PA
CBHW060803110426
42739CB00032BA/2601